火箭老媽，烏龜老爸

我家，或許也是你家的故事

街頭故事 **李白**

文字・插畫

獻給我的家人們

前言
是家人，還是室友？

無論你和家人之間的感情好不好，都有可能想過這個問題吧？
如果有一天，你突然戲劇化地得知，自己和家人之間沒有任何血緣關係，那麼你們還會像以往一樣相處嗎？
我的原生家庭裡有四名成員……

第一個是我媽，她是一名咖啡杯測師，但這項職業無法定義她的生活方式。
她是咖啡杯測師、插花老師、桌球教練、日語老師、廣播主持人……幾年前還得過一座金鐘獎，她永遠都在嘗試新事物。我媽很酷，但我很少好好坐下來和她說一句話。
接下來是我爸，他以前是名作家，現在當牙醫，休假時還兼職當陽明山的解說志工。
他童心未泯卻博學多聞，能說出山上每種花與鳥的名字；但隨著我的年齡增長，我們之間的共同話題越來越少。
最後是我和哥哥，我們從小到大都相處融洽，公平地分享每件玩具和食物，記憶中，我們倆從未吵過架。
但兩人從未產生衝突的結果，也讓我和哥哥的關係就像大學宿舍裡，那個和你相處一整年卻不太熟的「隔壁系的室友」。

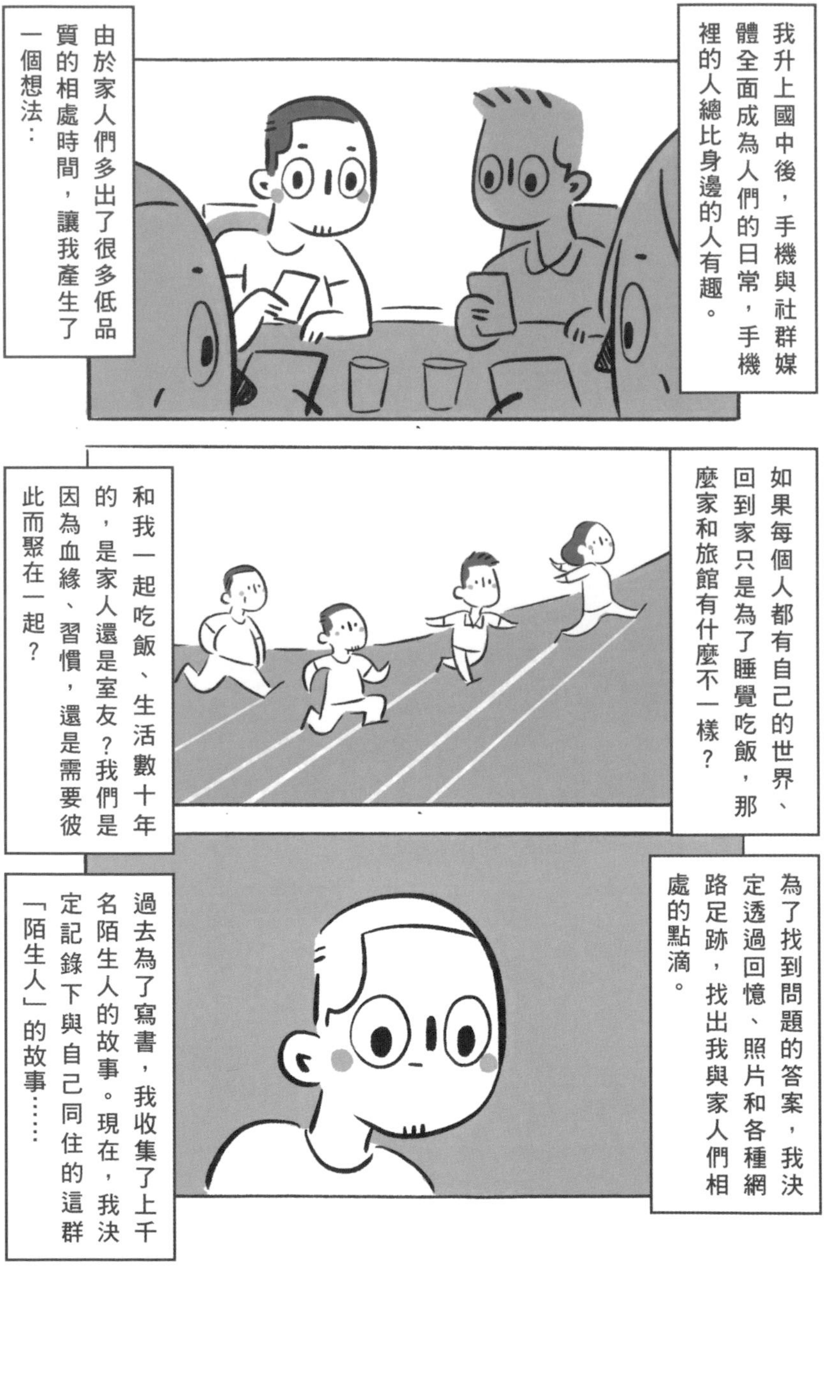
我升上國中後，手機與社群媒體全面成為人們的日常，手機裡的人總比身邊的人有趣。
由於家人們多出了很多低品質的相處時間，讓我產生了一個想法：
如果每個人都有自己的世界、回到家只是為了睡覺吃飯，那麼家和旅館有什麼不一樣？
和我一起吃飯、生活數十年的，是家人還是室友？我們是因為血緣、習慣，還是需要彼此而聚在一起？
為了找到問題的答案，我決定透過回憶、照片和各種網路足跡，找出我與家人們相處的點滴。
過去為了寫書，我收集了上千名陌生人的故事。現在，我決定記錄下與自己同住的這群「陌生人」的故事……

目錄

第2章

父親的腳步

最令人懷念的，
都是以前那些無聊的日常。

第3章

伴侶的腳步

雖然是剩菜剩飯，
但兩個人都吃得很香。

第4章

母親的腳步

只有你能告訴自己：「你不是沒用的人。」

結語

走在你的背後

雖然大部分的時間，
看到你就覺得煩。

第
1
章
▼

家人的腳步

那些看似理所當然的事，
其實並不理所當然。

寫這本書的時候，我和女友在國外旅居，一邊用筆電遠端工作存旅費、一邊進行沒有計畫的長期旅行。出國原本是為了刻意離開家鄉、出去走走吸收靈感，但又因為想念家人而寫了這本書。

有一次，在國外的街道上散步時，女友告訴我：「其實，出國前，你爸在機場有特別跟我交代一件事情。」原來爸爸告訴女友：「李白很容易焦慮，但是妳不要陪他一起焦慮。」

我很容易因為各種小事焦慮，這項特質讓小時候的我成為暑假第一天就把作業寫完的人，因為拖延會讓我焦慮無比；或者應該說，我不敢拖延，那會讓我無時無刻不想著未完成的事，完全無法安心放假。

我媽也有這個特質，但是焦慮在她身上變成了超能力，讓她想到什麼就去做。想到什麼就去做的她，成了金鐘獎得主、咖啡杯測師、國際評審……一生收穫來自無數領域的成就。焦慮讓我媽成為人生的遊戲玩家，無論遇到再難的關卡，都能一次一次破關。在我身上，焦慮也讓我成為高效的工作者，我總是會早到、提早上線、提早交稿，因為我不得不。

我的焦慮大部分展現在日常生活中，我對即將（與那些根本不會）發生的事都會感到焦慮；我過度在意身體的各種毛病、擔心貼文的成效不好、害怕出門放假的行程安排得不好、行程延誤會不會讓我沒辦法搭上那班車……

出國前，我想到自己偶爾會隱隱作痛的兩顆水平智齒，一直沒有好好處理，如果在國外時痛起來，會麻煩得不得了。為了杜絕後患，我在爸爸的建議下，在出國前兩天一口氣拔了兩顆智齒。即使拔智齒只是一個多數人都會經歷的小手術，仍然足夠讓我的焦慮指數破表。

術前，我爬了網路上好幾頁相關文章；術後，我爬了更多頁。我忍著疼痛，不斷照著鏡子確認傷口，雖然已確實依照醫囑完全不舔傷口、甚至不隨意漱口，但傷口的模樣、強烈的疼痛感仍困擾著我，擔心傷口會不會變成像網路上所說的「乾性齒槽炎」；而即將出國的行前準備也成為我的壓力之一。

那兩天，我回老家和爸媽吃飯時，都會張開嘴巴，自己坐在光源下給我爸檢查（這就是家裡有牙醫師的好處），我爸也總會眉頭深鎖地再三確認：「傷口雖然因為卡了食物殘渣，有點髒，但是沒問題，有時間的話可以回診所沖洗一下。」

時間再快轉一點，來到在機場的對話。

我爸說：「從小到大，李白都是這樣，很容易因為各種別人眼中的小事焦慮得不得了。但是如果陪他一起緊張，妳也會變成焦慮的人，弄得兩人都一團糟……

「妳看，他前天不是因為智齒的事很緊張嗎？其實我看了一眼就知道根本沒事，但還是煞有介事地陪他一起想方法、解決問題。只跟他說『沒事』是沒用的。」女友聽完，跟著爸爸一起哈哈大笑。他們對這個話題太有共鳴了，因為他們都是承接我大半焦慮的人。

事實上，有很多時候，家人就是我的焦慮來源；不過也有些時候，他們就是解藥。家人之間的給予和陪伴都是無聲的，或許是一起吃飯、聽彼此說幾句話，這些看似理所當然的事，其實並不理所當然。

家人的腳步

一個家庭裡，每個成員的走路速度都會不一樣。
但在我們家中，每個人的步伐差異大得相當懸殊。
急性子的媽媽走得飛快，慢吞吞的爸爸總是悠哉地走在最後。

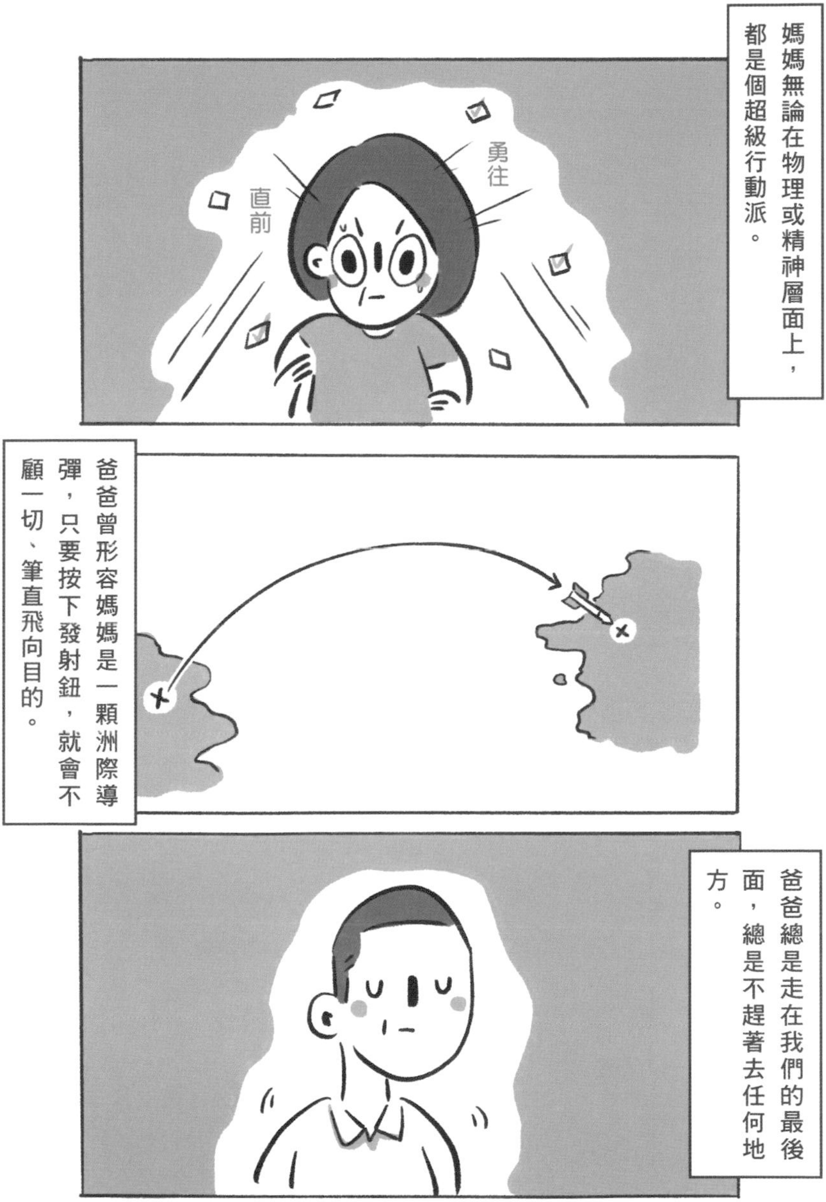
媽媽無論在物理或精神層面上，都是個超級行動派。
勇往直前
爸爸曾形容媽媽是一顆洲際導彈，只要按下發射鈕，就會不顧一切、筆直飛向目的。
爸爸總是走在我們的最後面，總是不趕著去任何地方。

好奇心強的爸爸容易被有趣的街景、有個性的小店給吸引住。
所以全家走在路上時，他常常脫隊搞失蹤。
我們家走在路上的畫面是這樣的：
媽媽總是超前，爸爸總是落後，卡在中間的我和哥哥常感到手足無措。
我買到好東西了
媽媽是真的走太快了，就像一顆永遠放不完電的超級電池。

任何事都拚命做的媽媽，總是能達成各種目標。
她的人生很精采，達成了各式各樣的成就。
從小到大，很多同學都羨慕我有個酷媽媽。
但他們不知道的是，我媽的個性會讓周圍的人覺得很累。
爸爸雖然慢條斯理，但是對一切都保持好奇心，是個博學多聞的人。
也有很多同學都喜歡我幽默、有趣的老爸。

但我總是不知道爸爸在自己的世界中，都在想些什麼。
小時候，我爸媽溝通的方式總是以吵架開場、不愉快收尾。
看著每句話都可以吵起來的爸媽，我總是想……
不要再滑手機了！
不要管我！

「為什麼兩個如此不同的人，卻要在一起呢？」
從小到大，在飯桌上，我經常安靜地想著這個問題。
長大後，我終於有了答案。
其實我們家走在路上的畫面是這樣的：
總是超前的媽媽，實際上是以親身示範的方式拉著每個人進步。

而看似慢悠悠的爸爸，其實做為我們的後盾，推著大家放心前行。
終於想通了這點後，現在看著爸媽鬥嘴抬槓的樣子，我已經不再懷疑。
一快一慢，總比他們兩個人都衝得太快，或者都走得太慢好吧。

番外篇 1 上大學

「爸，九月起，我要上大學了。」

「弟……打從你九歲起，爸就當你是個大學生了。」

這是我上大學前和爸爸的對話。

成年後，我特別享受與家人喝酒小酌的時光。以前喝酒是絕對不能做的事情，現在卻是一件能大方和家人談論、共享的活動；除此之外，一起喝酒也能提醒我被「當成一個大人」。

雖然在成長過程裡，我從未學會爸媽的技能，甚至連他們各自的語言（爸爸是閩南人，媽媽是客家人）都不會說半句，但是他們給我的收穫是無限大的，那就是：把每個人當成獨立的個體對待；即使是家人，也不該為彼此的錯誤負責，或為彼此的人生做決定。因為對方和你一樣，也不一樣。你和我之間一樣有自主思考的能力，有不一樣的成長環境與心理特質。

如果未來有一天，我也為人父母，希望這句話也能是我帶給孩子的禮物。

給予

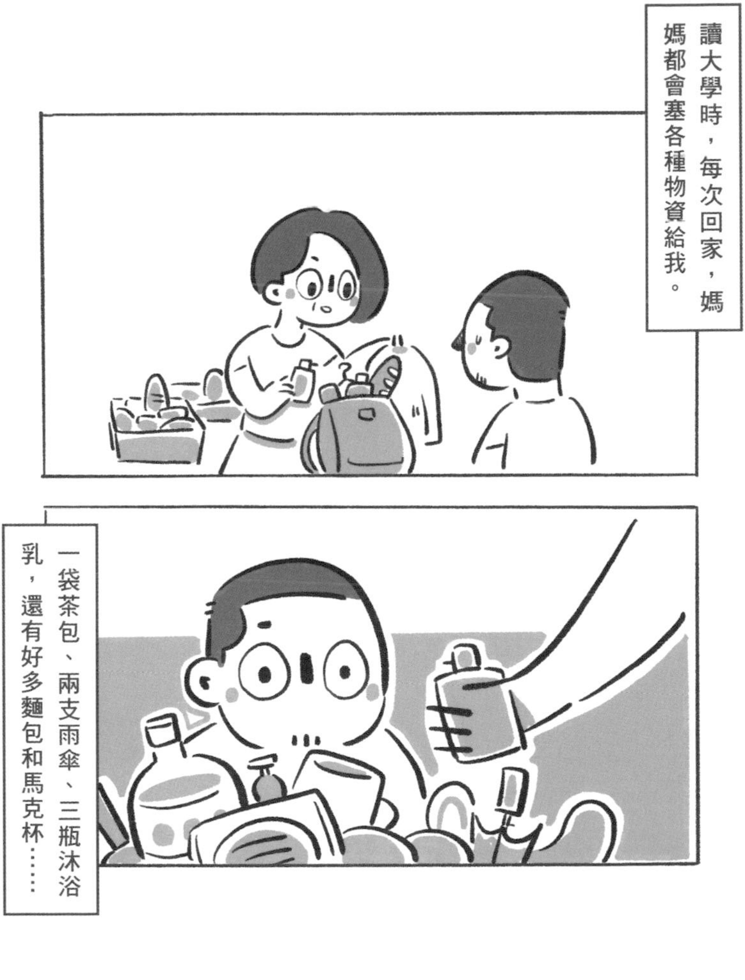
讀大學時，每次回家，媽媽都會塞各種物資給我。
一袋茶包、兩支雨傘、三瓶沐浴乳，還有好多麵包和馬克杯……

統統打包裝箱後，我的行李常常從一件變成五、六件。
但回學校的路上，必須轉四次車、再騎半小時的機車才會到……
拿著這些行李，會讓我的路途變得更花力氣。
有好幾次，我都想過趁媽媽關門後，把行李擱置在家門口。
讓她知道這些東西真的太多了。
現在想起來，還好我從來沒真的做過。

雖然知道媽媽這麼做，肯定是因為擔心自己的兒子吃不飽、穿不暖。
但我奉行「東西越少越好」的原則生活，所以不需要這麼多東西。
不過媽媽的觀念是「東西越多越好」，會把給予當成關心的方式。
我想起媽媽小時候在苗栗的鄉下長大，家裡並不富裕，人口眾多。
一整年的餐桌上，也只會出現幾次肉料理。

媽媽小時候，經常看到班上有錢人家的小朋友吃著蘋果。
她的心中幻想過數百次，蘋果到底是什麼滋味。
所以她一定覺得，給我各式各樣的食材、用品，
我就會很開心吧……
時間來到我在國外旅居時，媽媽從臺灣帶了一大堆食物來探望我。
但頻繁往來不同國家的我，行李能少則少。

突然多了一整箱行李，狹小的旅館裡也沒有地方放。
最後，我把零食與食品分送給在印尼街頭露宿的小孩子。
把媽媽的愛送給別人，她會難過嗎？
直到現在，我都不敢和媽媽說這件事。

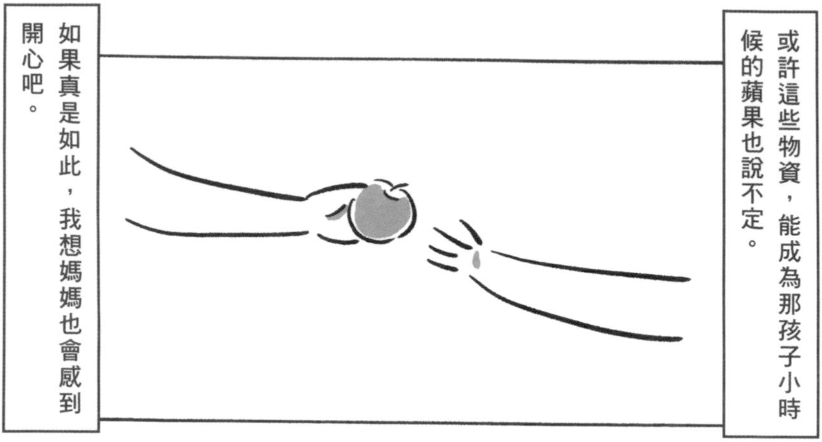
或許這些物資，能成為那孩子小時候的蘋果也說不定。
如果真是如此，我想媽媽也會感到開心吧。

我與媽媽的祕密

我的社群創作裡，常有關於兩性議題的故事。
我希望這些故事可以引導讀者們尊重彼此，好好交往。
其實這也是說給我自己聽的。因為我國中時，也是個為情所苦，
還為了談戀愛做了各種蠢事的大屁孩。

當時我認識了一位隔壁學校的女孩，我們經常在放學後牽手、約會。
還相信著初戀如此美好的我，在交往兩個月後聽見女孩親口說出：
我對喜歡的人都會比較主動，可能害你誤會了……
其實我已經有另一個男朋友了。
聽完老套卻晴天霹靂的噩耗後，女孩提出了分手。
對國中生而言，失戀的感覺就跟全世界崩塌一樣。
我每天躲在被窩裡打電話和哭泣；我買禮物、寫道歉信，只希望能挽回女孩。

光是打電話、傳簡訊的費用，就花光了我的積蓄。
而這樣沉浸在失戀痛苦中的生活，竟然持續了半年時間。
後來我才知道，原來我房間的門隔音很差。
我半夜大聲哭泣時，在外頭不知所措的媽媽，心裡或許也跟著哭泣。

失戀後的某一天，半夜凌晨兩點，剛哭完的我從房間裡出來找東西吃。
本來只是想走出家門買宵夜，沒想到媽媽竟然擋在門前。
你不可以走出去！
我本來只覺得莫名其妙……
接著我才想通，媽媽大概以為我半夜出門是為了做傻事吧。

其實我真的只是想出門吃點東西，但怎麼解釋媽媽都不相信。
不管怎樣都不肯讓我走出門的媽媽，走進廚房開始施展魔法。
不到二十分鐘，就用冰箱的剩菜變出了一盤熱騰騰的飯。
我永遠記得盤子裡的配料有晚餐留下的高麗菜、荷包蛋與肉鬆。即使是剩菜也能做得好吃，這就是媽媽的魔法。

半夜三點在客廳的飯桌上吃飯，是我和媽媽十幾年來的祕密，而我從未提過那一晚的事情。

邊哭邊吃的我，覺得那是世界上最好吃的一餐。

簡單拉一首小提琴就好

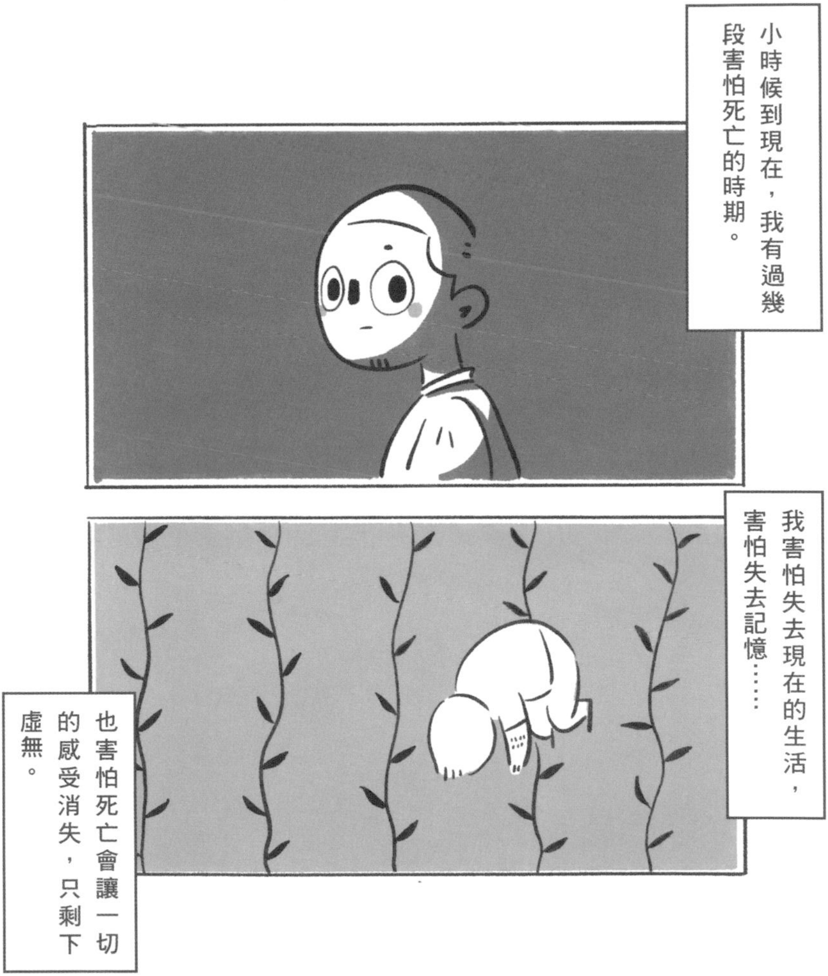
小時候到現在，我有過幾段害怕死亡的時期。
我害怕失去現在的生活，害怕失去記憶……
也害怕死亡會讓一切的感受消失，只剩下虛無。

媽媽是虔誠的基督徒，她相信死亡是一段平靜、回到天父懷抱的過程。
媽媽和哥哥小時候一起練琴，所以她總是說：
媽媽的告別式上不要搞一些有的沒的，簡單拉首小提琴給我聽就好。
記得小時候，我很抗拒爸媽總有一天會離開的事實。
我知道有著信仰的媽媽很安心，但從未問過爸爸對死亡的看法。

一直到大學畢業後，我和爸爸難得一起去爬山。
在山頂，我問了爸爸一個像是小孩子才會問的問題：
爸，人死後會去哪裡？
爸爸聽完後想了一下，說出了令我好奇很久的答案：
到了這個年紀啊……

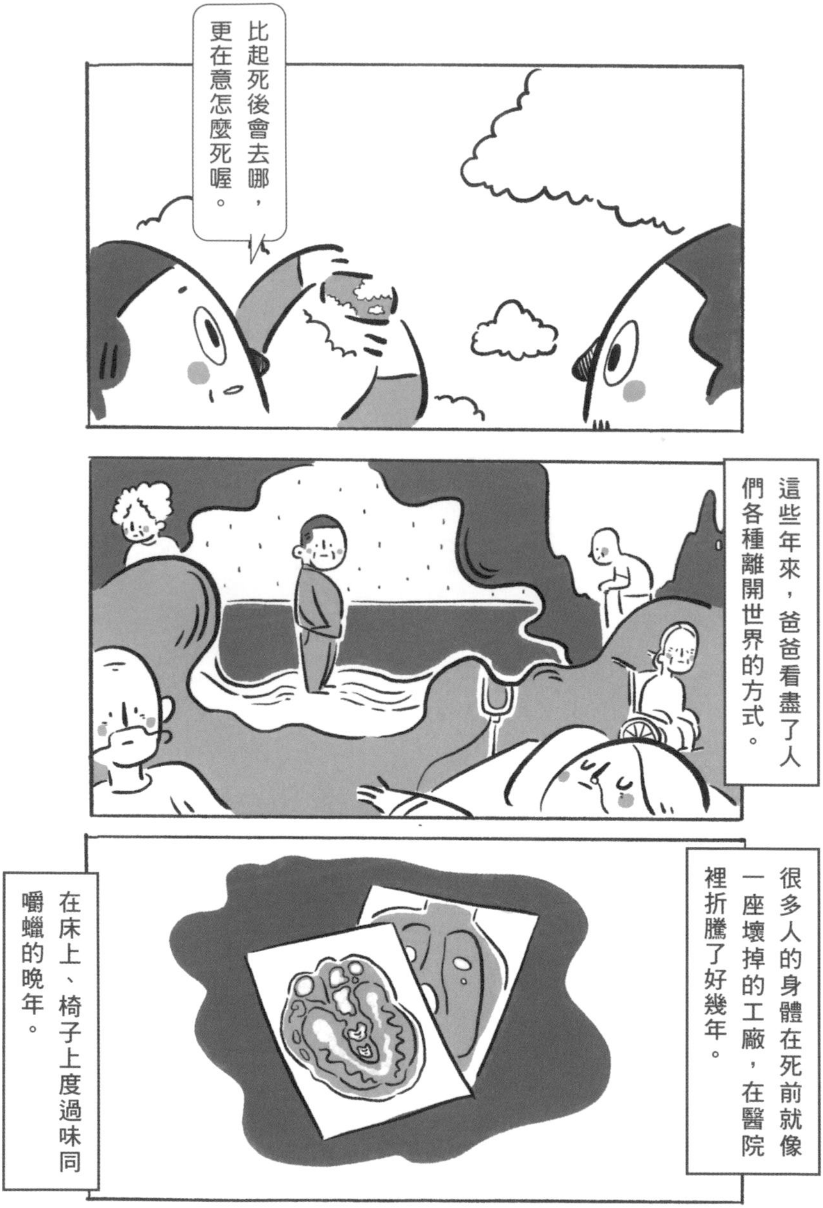
比起死後會去哪，
更在意怎麼死喔。
這些年來，爸爸看盡了人們各種離開世界的方式。
很多人的身體在死前就像一座壞掉的工廠，在醫院裡折騰了好幾年。
在床上、椅子上度過味同嚼蠟的晚年。

是在親友陪伴下含笑死去？孤獨地死去？我死時能保持尊嚴嗎？
「如果可以的話，平靜地、安心地離去，會是最好的。」爸爸說。
這幾年，爸媽開始會討論老年、死亡相關的話題。他們認為……
這個地方好漂亮呢。
把懊悔、高興、遺憾、慶幸的事都體驗完，留給世界。
如果可以的話，在這麼美麗的地方離開，會是很棒的道別呢。
對呀。
有足夠的時間道歉、和解和感謝，就是最好的死亡了。

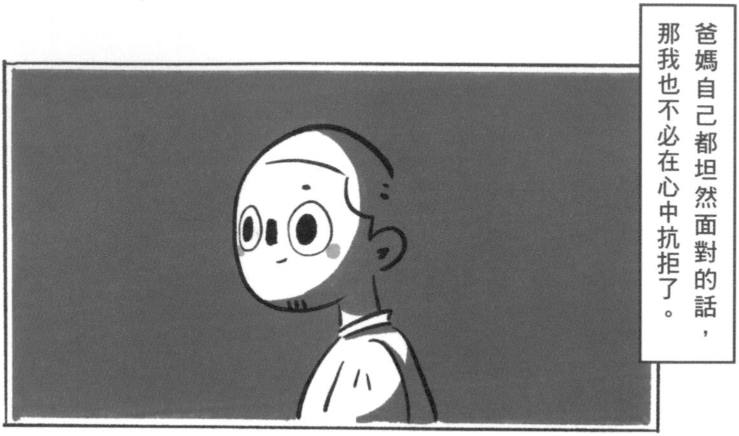
爸媽自己都坦然面對的話，
那我也不必在心中抗拒了。

比起死後的世界，或許怎
麼死也是一件值得思考的
事情呢……

不用讓弟弟

爸媽年輕時一起去日本念書，本來不打算生小孩，兩個人這樣開心過日子就好……

直到……哥哥誕生的那天。
「生一個就好，養小孩真的太辛苦了。」兩人想。

哥哥五歲時，爸媽偶然看到哥哥坐在家裡和自己聊天。
「啊……好吧。」
於是我誕生了。
小野獸長到可以講道理的年紀後，緊接著又從零開始養一隻不講道理的。

做為哥哥的玩伴，我和他的個性完全落於光譜的兩邊。
我極其感性，哥哥超級理性。
我拿到新玩具就會直接玩到爆，再堅固的玩具都會被我玩壞。
哥哥拿到新玩具會先研究個半天，看完說明書後才小心地開始玩。
我吃飯時喜歡沾各種醬料，吃得亂七八糟。
哥哥則是所有食物都吃原味，吃飯總是簡潔乾淨。

長大後，我的工作充滿藝術色彩，哥哥則是理工類的人才。
即使我們如此不同，卻仍然相處得很好，原因是……
媽媽從未對我們說「哥哥要讓弟弟，弟弟要聽哥哥的」這類的話。
相反的，我們得到的一切好東西都要分對方吃跟用，完全公平。
即使只是一片白麵包，也要精準地切成一半和對方分享。
小時候，我總是想自己吃完一整份食物、一整杯飲料。

長大後才知道，自己吃完一整份食物，比不上小時候分享時來得好吃。
不用讓弟弟，因為他可以自己做決定。
不用聽哥哥的話，因為你和他一樣聰明。
現在回想起來，我和哥哥從未吵過架，或許是這兩句話造成的吧。
附帶一提，我念國中時，超驚訝有人只因為不喜歡而不吃某樣食物。
喔～我以前也驚訝過呢。
我的同學都超級挑食的，原來可以這樣喔？
我們兄弟倆什麼都吃……
或許是因為，我從小就覺得能分到自己手上的食物都太寶貴了吧。

番外篇 2 西裝

「只是小事而已。」

隨著我和哥哥長大，我們的喜好差異越來越大：他愛看韓劇，我都看美劇；我們的同溫層、工作領域也完全不同。他提起的話題，我常常要特別去搜尋；我以為是大家熟悉的網路用語，哥哥卻從來沒聽過。

這幾年共同的話題，大概只剩下小時候一起玩的《薩爾達傳說》又出了新的一代，以及最近上映的動作與恐怖電影（沒錯，只有這兩個類別，畢竟現代人的興趣分眾實在切得太細了）。小時候，我們的喜好有九〇％交疊，現在可能只剩下一〇％不到，只能盡量從兩人的最大公因數裡找話題聊天。

小時候，我很驕傲自己和哥哥從未吵過架，這當然是一件很棒的事，但偶爾，我還是有點好奇：像別人那樣為了玩具和零食而揮拳、與哥哥大打出手的感覺是什麼？哥哥個性溫和，從不生氣，極度理性又聰明，怎麼可能做這種事呢？

我和哥哥彼此關心的方法，其實藏在每次離別的細節裡。

就像他十五年前出國長住，我縫了一隻兔子給他。

或者像我一年前出國長住，他買了藍芽音響給我。

就像我們都繼承了家裡最優良的一項傳統——我猜這是爸媽去日本後學會的：離別時要向對方微笑、揮手，直到對方在遠方變成一個點、看不見為止。不管是在候機室、高鐵站或車子的後照鏡中，我們都會做這件事，即使從未有人提起應該這麼做。

我哥是個優秀的人，EQ很高，在很多領域都出類拔萃，也有許多有趣的故事；但他平常作風低調，所以在寫這本書時，我刻意省略掉不少關於他的事情。在這裡，我決定再回憶一個小故事，希望他不要介意。

這是發生在哥哥結婚半年前的對話……

哥：「我的喜帖就交給你設計了，你報業界的價格給婚禮企畫就好，不要客氣。」

我：「好啊，只是小事而已。」

後來我設計了一款自己也很滿意的喜

帖，使用孔版印刷、燙金處理。那是我做過最棒的設計之一，成品還被師傅拿來當成印刷範例。

和婚禮企畫討論喜帖時，我說：「真的不用收錢，他是我哥。」

直到哥哥舉行婚禮的一週前，我們才突然驚覺：我的衣櫃裡沒有西裝，也沒有任何一件適合出現在婚禮上的衣服！平常遠距工作的我沒有添購正裝的需求，總是穿著運動服趴趴走。於是某天晚上，我們開車前往西服店，準備買套合適的西裝外套和褲子。

試了兩套之後，我便看中了喜歡的款式，是一套舒適的毛料西裝。當我換好衣服、正準備結帳時，哥哥已經拿出錢包走到櫃檯。

我：「這不是小錢耶，我自己買就好，反正以後也穿得到啊。」

哥：「只是小事而已。」

最後哥哥幫我買了我人生中第一套訂製西服。大學時，我常幻想自己未來的設計會得獎，或是去學校演講時會需要一套帥氣的訂製西裝，到時候我要用自己賺的錢買給自己當做禮物。結果這些年來，我什麼獎也沒得到；就算後來接到 TED talk 的演講邀約時，我也只穿了一件簡單的 polo 衫就上臺。沒想到人生第一套西裝，竟是自家哥哥買給我的。

哥哥的婚禮上，我穿著西裝，開心得像第一次買衣服那般雀躍。

永遠要幫心愛的人準備食物

小時候，我曾跟爸爸開車出去玩了一整天，媽媽在家裡等我們回家。
媽媽剛打來說她身體不舒服沒有煮飯，你幫她買個晚餐吧。
好！
我拿著爸爸給的一百元走到媽媽喜歡的連鎖店裡，準備和店員外帶一碗牛丼。
看著店員背後標示牌上的價格，我的心中猶豫了一下。

爸爸剛才給的一百元，只夠買小份的牛丼。如果要買大份的牛丼，我就要拿出自己口袋裡的五十元硬幣。
150
90
其實我心裡知道，以媽媽平常的食量，應該要買大碗、附小菜的分量才吃得飽。
我也不知道自己在想什麼，就這樣買了一份小份牛丼回到爸爸的車上。
我買好了！
哇，謝謝你。
回到家裡後，我把那碗小份牛丼拿給飢腸轆轆的媽媽。有一瞬間，我感覺媽媽的表情出現了一絲失望，但沒有用言語表達出來。

「明明只是五十元而已。」看著媽媽吃飯的樣子，我猜她那天晚上根本沒吃飽。
這件事讓童年的我陷入了深深的自責……
其實從小到大，媽媽總是耳提面命地告訴我們：「永遠要幫心愛的人準備食物。」
所以小時候出門前，媽媽都會塞一大堆食物在我和哥哥的包包裡。
明明餓了就會自己去吃飯，所以我一直覺得這麼做多此一舉。

直到我去當兵，週日放完假、回營吃晚餐的時候……我發現媽媽偷偷準備了一份三明治放在我的背包裡。
我其實忘了買晚餐。飢腸轆轆加上收假心情鬱悶，當我吃到那份塞滿雞肉和酪梨的三明治時，眼淚都噴出來了。
明明只是三明治，怎麼會這麼好吃？
我想起來，哥哥高中時是攝影師，出外景時常常一連工作十幾個小時。

當時媽媽都會在他的包包裡準備好幾條高熱量巧克力棒，讓他在工作時也能快速填飽肚子。

我從來沒問過他這件事，但我很想知道：哥哥在疲倦的工作中吃到巧克力棒時，是不是也和我一樣感動呢？

「永遠要幫心愛的人準備食物。」這是媽媽教會我最重要的事情之一。

食物就是記憶。我永遠記得當時三明治的味道，我想媽媽或許也一直記得那碗牛丼的味道吧。家人給予的愛永遠沒有條件，卻也不是理所當然。

炫耀

從小開始，媽媽就很愛拿著我的畫作到處秀給親戚、朋友們看。
我長大後，媽媽開始變本加厲地宣傳我參與過的專案、發表過的作品……
2017世大運

無論是在咖啡廳、藝廊，或者任何場所……
正與人聊天的媽媽，只要一找到機會就會開始大肆宣傳「我」。
這是我兒子出過的書！
這是他的IG，要按追蹤喔！
哇～
我原本只會笑笑地拒絕，但這幾年開始，我變得再也無法忍受。
不要講了啦
聊別的啦
不要講了！
我覺得在多數場合中，硬要提起這件事都不恰當，除此之外……

我也不喜歡自己在非工作場合中被推銷給別人的感覺。
有機會可以和我兒子合作喔
好哇
所以這些年來，我會採取一項不成熟但有效的方法：直接離開現場。
我從沒問過媽媽，這麼做究竟是為了炫耀或試著幫我找機會，
還是，這就是她愛我的方式？

後來，我和一群創作者好友提起這件事……
「我真的快受不了了！」我說。
我才發現，對很多人來說，我的困擾是一種奢侈的煩惱。
我爸媽根本不知道我在做什麼，也沒興趣…
好好喔，我家很反對我當漫家耶！
什麼？你媽這麼支持你喔！
其實我大概知道，媽媽應該不是為了炫耀而這麼做……
她一直以來都教育我們：名氣與利益都是假的，生活才是真的。

但我的不舒服也是真的，所以我堅持反對這件事。
這幾年，在我的嚴正抗議之下，媽媽已經變得收斂了一點。
直到最近，有個陌生人在聊天時問起了我的工作。
因為和只有一面之緣的人解釋一切實在太麻煩了，所以我通常會說：
我畢業5年了，到現在都不想去上班。
我覺得這樣很好。

只說出一部分的事實，既沒有說謊，
也可以滿足陌生人的好奇心。
但這次媽媽在我旁邊……
所以我決定採用新的招數。
我沒什麼有趣的
比起那個，我媽得過一座金鐘獎喔，背後有段感人的故事呢！
什麼～？！
讓喜歡聊天的人去聊天。
嘰哩呱啦
嘰哩呱啦
這就是我對付媽媽的新方法，成熟又有效。

那些看似理所當然的事

那天我和媽媽一起開車去山上。
當時我們一起聽著Podcast，
主持人說了一句讓我們印象深刻的話，

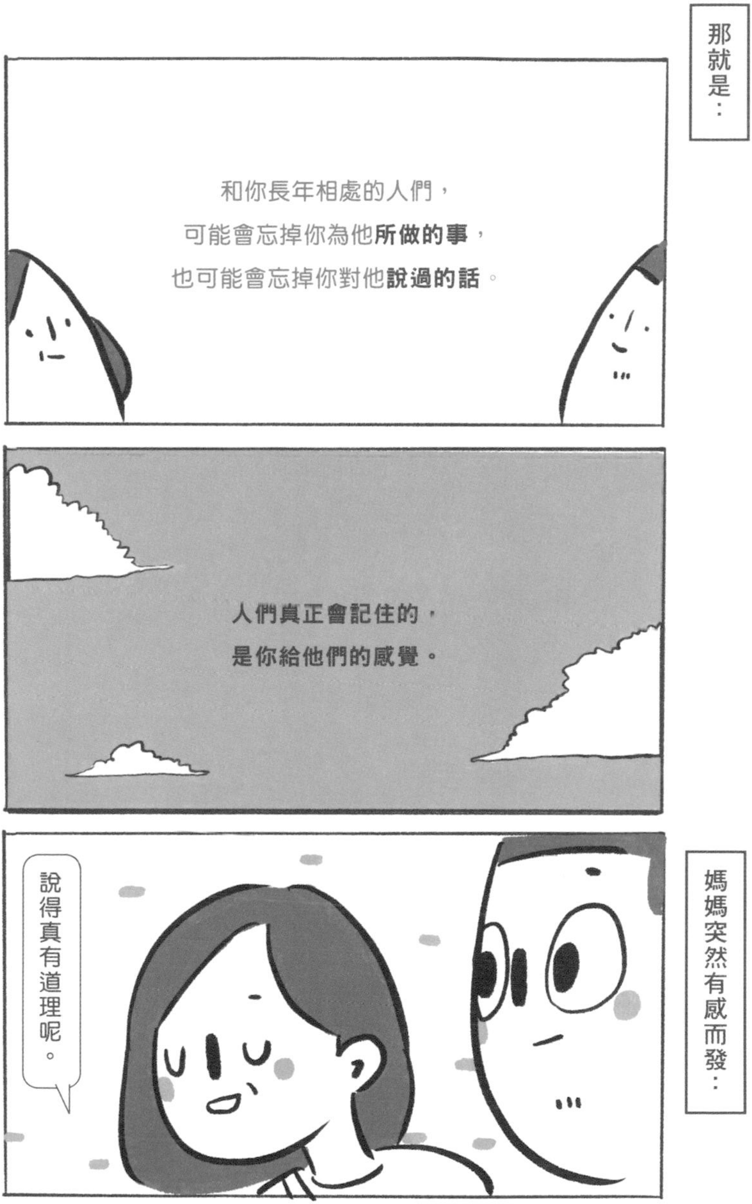
那就是：
和你長年相處的人們，
可能會忘掉你為他所做的事，
也可能會忘掉你對他說過的話。
人們真正會記住的，
是你給他們的感覺。
媽媽突然有感而發：
說得真有道理呢。

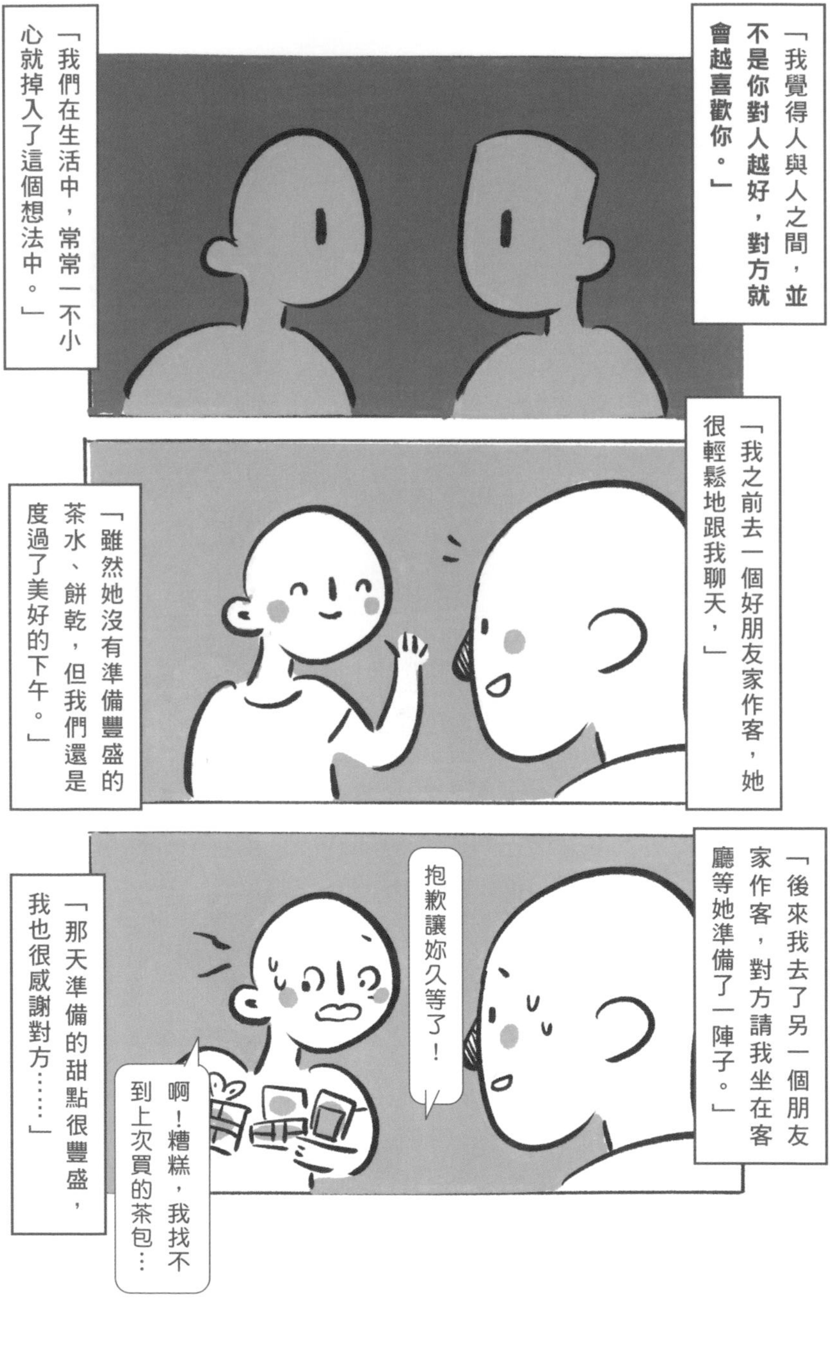
「我覺得人與人之間，並不是你對人越好，對方就會越喜歡你。」
「我們在生活中，常常一不小心就掉入了這個想法中。」
「我之前去一個好朋友家作客，她很輕鬆地跟我聊天，」
「雖然她沒有準備豐盛的茶水、餅乾，但我們還是度過了美好的下午。」
「後來我去了另一個朋友家作客，對方請我坐在客廳等她準備了一陣子。」
抱歉讓妳久等了！
啊！糟糕，我找不到上次買的茶包…
「那天準備的甜點很豐盛，我也很感謝對方……」

「但我最後產生了『我讓她好緊張，真不好意思』的愧疚感。」
「這些年來，我看到很多父母跟小孩溝通時會說：」
『從小到大，我為你做了這麼多，為什麼你不能……』
我替你做的事情
「雖然這些父母的確為孩子做了很多，但是在這樣的情緒勒索下……」
「小孩往往只留下了不能讓爸媽失望、壓力好大的感覺。」

「雖然人與人之間的交流是雙向的，彼此為了對方好。」
「但是你不能期待自己對人做越多事情，對方就應該越感謝你、喜歡你。」
比起期待對方因為某件事而感動，
或許更應該思考，你到底讓對方留下了什麼樣的感受。
看來人與人之間，真的沒有所謂的「理所當然」呢。

番外篇 3 電影

「當鏡頭拉遠，背景響起奇怪的音樂時，

就代表電影要結束了。」

「當鏡頭拉遠，背景響起奇怪的音樂時，就代表電影要結束了。」

爸爸看了四十年的好萊塢電影，這是我從小到大都會聽到他對我說的一句話，至今依然可以套用在八成以上的電影。

爸爸是真正的電影欣賞家。他對各種電影中的公式瞭若指掌，能看出每個鏡頭背後的隱喻，洞察力和口條宛如專業影評人。這些年在串流平臺上的影集，幾乎找不到他漏掉沒看的，我一方面擔心爸爸花太多時間在螢幕上，另一方面卻也享受兩人擁有共同話題的感覺。

我升上大學後，我們的生活交集越來越少，他不像以前那樣叫得出我班上每個同學的名字。事實上，我並不常分享我的大學生活，他也總是在提起自己的近況時草草帶過。我只知道他沒上班時，會獨自搭乘區間車到不知名的山裡走走；他不知道我在雲林騎著一輛破破的二手檔車，說是愛冒險，其實只是為了逃離當時讓我感到害怕的人群；他也不知道我經歷的人生第一次車禍（是的，我到現在都沒跟他說過）……長大後到現在發生的事，我可能只和家人說了不到一%，我猜爸爸大概也是這樣。

但我們有一個共同語言：電影和影集。我們可以一起興高采烈地討論《絕命律師》的劇情，一起在誠品電影院看《午後彌撒》掉淚，或者一邊在沙發上看《婚姻風暴》，一邊討論雪景長鏡頭背後，醞釀的那股即將爆發的情緒。

我出國前，和爸爸一起看的最後一部影是大森立嗣的《日日是好日》，這是一部平易近人的電影，沒有誇張的劇情，只有主角一遍遍在同一個茶室裡練習茶道，如同日常般記錄當下的心情、當天使用的茶具。表面上是關於茶道與四季的故事，其實是在描寫人生。

電影裡有一句對白：「能夠每年依舊和一樣的人一起做同一件事，已經是幸福。」這其實和爸爸另一句常說的話很像：

「其實真正令人懷念的，都是那些最平凡、不起眼的日子。」

我們的共同語言是電影。

最近每到餐廳，只要一方比出低頭撿湯匙的動作，另一個就會意了——那是米其林密探調查餐廳的標準動作。

因為我們看同一部電影。

到誠品電影院看《天菜大廚》很好；側躺在家裡的長沙發，看《一路玩到掛》也很好；像小貓蜷在我懷裡，一手抓著翻過來的筆電。

跟小時候一樣，早上起來，習慣去叫他。

才想起，他的房間空了。

回校前我們去公園散了步，氣溫回升，「樹上多了幾隻盾葉椿象」，我說。

甲蟲起飛前，要先打開硬翅鞘，才可以伸展薄翼；若沒打開，就會筆直下墜。

起飛前，都是這樣的，要一點時間準備。

準備好了，下次，再一起看電影。

——摘自爸爸的臉書文章

第
2
章

父親的腳步

最令人懷念的，

都是以前那些無聊的日常。

我幾乎沒怎麼看過爸爸跑步的樣子。他總是笑口常開，悠悠哉哉地跟在隊伍最後；但有時太悠哉了——每當全家出門走走時，他平均會脫隊兩次。

第一個與爸爸有關的記憶，是我和他一起坐在家門口的階梯上，吃著剛烤好的花生醬吐司。濃稠的花生醬儘管十分燙口，卻很美味。我們吃完後，他回到屋內，教我寫自己的名字，我吃力地握著筆桿，在白紙上寫得歪七扭八。

有時我會想，同樣的生活狀態只要持續一個月以上，以後就會被稱為「那段日子」；比如那段一起坐在階梯上吃花生醬吐司的日子。

或者剛滿十八歲時，因為覺得自己已經是大人了，於是每天晚上興致高昂地和爸爸乾一杯的日子。

還有因為養貓或各種事情吵架，和全家冷戰了幾週的日子。有時我會驚覺，這個當下已經可以和那段日子做區別，可能是因為換了個租屋處，也可能是一隻貓過世了，讓你發現前幾天還習以為常的生活，現在已是一個時代的結束，也就是「那段日子」。

有件事讓我印象深刻。十歲時，我坐在爸爸的機車後座，看見年過半百的爸爸，頭髮已白了一片。當時身為國小生的我就有「爸爸已經老了啊」的感覺。我今年二十六歲，代表距離那天已經過去了十六年，爸爸更老了嗎？

有一次，爸爸在木柵山上展現他的生態知識，向我們解說烏鴉鳳蝶的翅膀顏色，講得正開心時，聽到後方傳來一位年輕媽媽的聲音，叫小孩趕快來聽講解：「快來看，那個爺爺好厲害喔！」爸爸這才發現，原來自己在別人眼中，竟是一個慈祥的說故事老爺爺，似乎讓他覺得很難受。

爸爸老了，不過是優雅地老了，時間的堆疊讓他比以前更博學多聞。他像年輕時一樣愛到處流浪，每個月會留幾天時間給自己旅行，或許是買張機票，或許是用敬老卡買半價的區間車車票，到一個冷清的山上車站走走，回家後寫篇臉書文章。他寫道：「本來想靠旅行找到人生的意義，後來才發現，旅行是一種純為樂趣的移動，而人生的意義就是旅行。」

這樣的爸爸，從來沒有對我做過「大人的說教」。

他從未像媽媽那樣四處向親友宣傳我的創作，卻總是低調收藏每篇文章。

上高中時，婚姻平權的觀念被提起，他當時很鼓勵我出櫃（爸，我真的是直男），讓我實在很難想像，這樣的爸爸是被超級嚴厲的父親帶大的。

他曾經跟我說過，人生中最令人懷念的，都是以前那些無聊的日常。

所以我爸從我們小時候就開始就積極地錄下我們的生活，用那部超舊的Ｖ８攝影機拍了各種影片，把我們吃飯、寫功課、趴在地上玩玩具的樣子全都錄起來。小時候的我超討厭上鏡頭，直到青春期過完，發現影像紀錄的珍貴性，才心甘情願地讓我爸拍個夠，只不過，我長大後，他也沒那麼常拿起攝影機了。

我出國時，他看起來很惆悵，但他在和我同樣的年紀時，也在國外生活。在我離家前幾天，全家一起吃飯時，他看著大家面前的酒杯，喃喃地說：「這是離別的酒……」（接著很快地被我媽用「嘖」聲吐槽。）

回想起某段日子時，通常會記得的都是芝麻蒜皮般的細節。當下覺得不怎麼樣，但事後想起時，任何一點枝微末節的小事，都會讓人無比懷念。

現在我來了

我的阿祖、阿公、爸爸都是醫生，他們都是被要求當醫生長大的。

爸爸是一名矯正醫師，小時候我常常跟著他一起去診所上班。

我的小學作業幾乎都是在診所裡完成的，
也習慣了吃飯跟讀書時，配著其他小孩尖叫哭嚎的聲音。
大臼齒歪掉的那個
有戴維持器的那個
誰？
有趣的是，爸爸常常用牙齒的特徵來記我在學校的同學。
爸爸四十年來，總是背著超級重的矯正零件上下班，從未請過假。
就連疫情時也冒著危險上班，用一雙手餵飽了整家人。

這樣的爸爸，年輕時也喜歡創作故事，曾經出版過好幾本小說。
他在我們還小時，曾經放下工作，跑去酒吧當了一陣子的酒保，只為了收集靈感，寫一本關於酒吧的故事。
爸爸的作品當紅時，我們全家甚至被大大地印在敦南誠品的看板上。
可惜的是，阿公一直都不認同爸爸的作家夢。
給我回去乖乖當醫生！

爸爸曾說過，他高中時只是因為騎單車環島，就被阿公罵到臭頭。
騎車環島？跟流浪狗一樣！
回家後，甚至被阿公要求跪在牌位前向祖先一一道歉。
對不起…我應該好好念書，未來當一名醫生。
沉默、嚴厲的阿公這輩子只送過爸爸一樣禮物：刮鬍刀。
鬍子太長了。

爸爸與嚴父之間，一直有一道無法跨越的距離。
所以爸爸在我小時候努力地融入我的生活，成了學校裡的孩子王。
……對，我爸在學校裡比我還受大家歡迎。
長大後為了追夢，我選擇了一項起步困難，收入還不穩定的工作。
爸爸雖然擔心、雖然不了解，還是無條件地支持我。

只因為他想讓李家「長大給我去當醫生」的傳統，
在他這一代畫下句點。
爸爸雖然已經不寫書了，
但是現在我連著爸爸的份一起創作著。
附帶一提，我爸在我第一本書的發表會上做了件超扯的事：
借我一下
欸？
在我的講座快結束時走到臺上，一把奪過我的麥克風。

讀者們大家好，我是李白他爸，有件事我一定要說⋯⋯
爸別鬧了！
30年前我出第一本書的時候，我爸沒有來⋯⋯
現在我來了。

番外篇 4 阿公

「爸很少跟你們提起阿公，

原因是我也從沒聽他提起自己的故事。」

「爸很少跟你們提起阿公，原因是我也從沒聽他提起自己的故事；我相信他也沒聽過他爸說過任何關於自己的事……這就是以前時代的標準模式。」

阿公很少笑，我猜他的學生時代曾經笑得很開心，把一生的配額笑完了。

現在看來，很不值得。他為什麼不笑呢？不苟言笑，會遺傳的。

始終沒有很多歡笑，或是留下任何鼓勵金句（對爸的數落、訓斥倒是沒少）的阿公，其實說過一句很好的話。

那時我在東京實習，暑假去九州下面的奄美大島看阿公。他退休後在島上無醫村的養老病院服務；說是服務，其實也是和阿嬤去養老。

當阿公發現，他說的古典日文連日本年輕護士都聽不大懂而得到莫大尊敬時，他的晚年終於在奄美大島過起了如魚得水的日子。我去之前，在池袋西武百貨訂購了一部按摩椅。我到達時，阿嬤告訴我，自從來了按摩椅，阿公每天洗完澡就閉著眼坐上許久。有一次，阿嬤有點擔心地問他：「會不會坐太久？」

阿公居然慢吞吞（仍閉著眼）回答：「這是子的孝心，哩奈耶啊捏。」

這就是一輩子不苟言笑，永遠皺著眉，親戚小孩都很害怕的阿公，所說的一句讓爸至今都沒忘記的話。

也不知為什麼，就是忽然想到。

——摘自爸爸的臉書文章

安心一點的機會

開始遠端工作後，我再也無法住在家裡，家中的一切都變得讓人厭煩。
我忽然覺得家人之間的感情，有些距離才有美感。
於是我搬出去住了，這是我第三次搬離家中。

小時候聽到親戚要隔幾個月、幾年才和兄弟姊妹相聚，還覺得很不可思議。
長大後才知道，原來是這種感覺呀。
哥哥晚了我一年才搬走，他似乎比我更能適應在家工作。
當時他在家創業，但對於工作的內容始終保持神祕。
一旁的爸爸看在眼裡，一直為他感到擔心。

於是在某個週三晚上，爸爸邀哥哥一起出門吃飯。
哥哥雖然透露得不多，但還是盡量跟爸爸解釋他的工作。
後來，每週三固定一起聊天、尋找美食就成了他們的傳統。
我偶爾回家過週末時，爸爸也會跟我聊起他對哥哥的擔憂。
爸不用擔心啦，哥超聰明的。
這樣啊……

一年後，哥哥結婚，也搬出去住，我們兄弟倆都離開了家。

在那之後，我和媽媽都加入了週三夜晚的聚餐，週三成為全家的日子。
最近工作怎麼樣？
我要畫一個很有趣的題材喔。

爸爸還是很常擔心我們，不過我們有了每週讓他安心一點的機會。

番外篇 5　週三夜晚

「成功除了努力打拚，就是相愛的人都圍在一起吃飯。」

還記得我們的深夜廚房嗎，孩子？

我們去那熟識的餐廳，食物送來時，放到嘴裡，感到好吃的第一反應，就是分享。

我們在餐桌上互相餵食。

西式料理，原本是各人取用自己點的食物，現在逐漸做了修正，開始注重 share。

因為當一位廚師看到他的食物，被一個歡樂的家庭成員互相分享時，他的心是感動的。

美國最著名的廚師之一 Linda Bastianich 說：

「我們家是經過戰亂的移民家庭，我爸爸是第一代移民，不會講英語，生活艱難，時常夢想著回不去的祖國，因此全家一起吃飯很重要。全家四口，經常一起分享食物的喜悅。」

Linda Bastianich說，她的成功除了努力，就是相愛的人都圍在一起。

——摘自爸爸的臉書文章

早知道就買下來了

我和阿嬤不太熟，從未連續交談超過五句話。
阿嬤好！
在我二十歲阿嬤過世前，我們的互動只有見面時一定會打的招呼。

即使，我們每週都會見面。
小時候阿嬤從未抱過我、與我說過話，長大後我們對彼此一無所知。
我記得上大學時，我和朋友們看了皮克斯的《可可夜總會》。
看到結局時，朋友們吸鼻涕的聲音已經大到把音量都蓋過去了。
日後和哥哥聊起這部電影時，哥哥說了一句話：
欸？你看到最後也沒有哭嗎？怎麼會？
呃⋯你明明就知道為什麼⋯

的確，我從小到大都不
知道為什麼同學都這麼
愛自己的阿公阿嬤。
一開始，我也聽不懂「有種餓，
叫阿嬤覺得你餓」的網路梗，因
為我幾乎沒有吃過阿嬤煮的飯，
也沒被阿嬤問過吃飽了沒。
比起我，爸爸和阿嬤的
感情很好。
他總是推著坐在輪椅上的阿
嬤到處散步，在市場、公園
四處走走。
每週幾次，數十年來如
一日地走著。

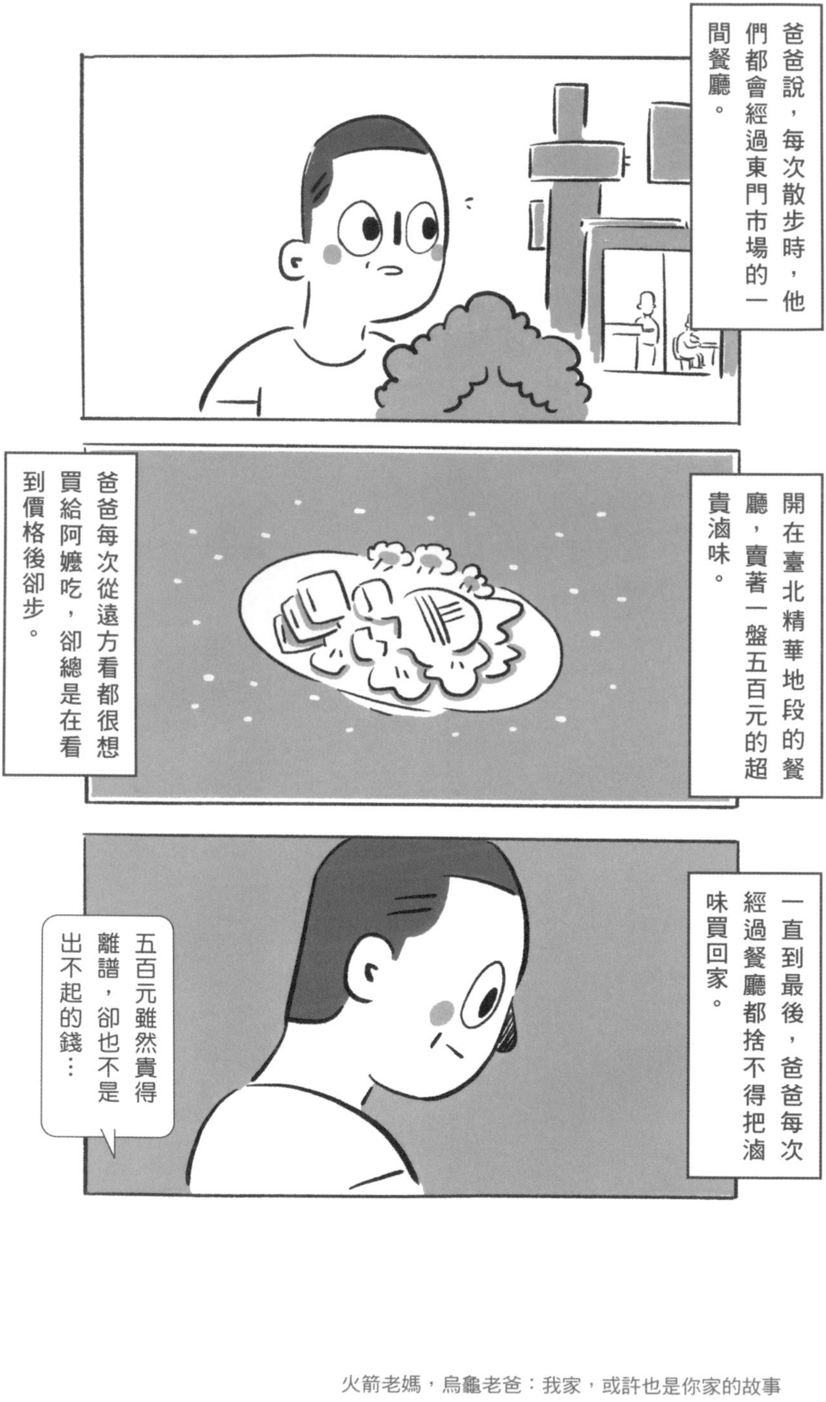

爸爸說，每次散步時，他們都會經過東門市場的一間餐廳。
開在臺北精華地段的餐廳，賣著一盤五百元的超貴滷味。
爸爸每次從遠方看都很想買給阿嬤吃，卻總是在看到價格後卻步。
一直到最後，爸爸每次經過餐廳都捨不得把滷味買回家。
五百元雖然貴得離譜，卻也不是出不起的錢⋯

早知道當時就買下來了。
這個故事，是阿嬤過世後好幾年我才聽爸爸說到的。

我小時候覺得阿嬤都不來認識我，現在想起來，我也從未試著認識她。

有時，我會把一包好吃的東西放到壞掉，只因為想著「下一次再吃」。

必須走過的路？

我們全家人三十幾年來，都走在台北的臨沂街上。
爸爸那邊的親戚有著豐富的家族病史，
數十年來，已經有好幾位成員相繼罹癌過世了。

誰之前得了乳癌過世、誰得了大腸癌……是爸爸走在路上經常提起的話題。
媽媽說，一個個送走長輩的那幾年，是一段艱難卻意義重大的過程。
爸爸媽媽的長輩都已經過世了。
爸爸常常感嘆，我們家的每個人都走過這條路。
罹癌、中風、坐輪椅，我們李家人都一定會經歷這些。
走著走著，有一天都會走上同一條路離開。

但是，真的是這樣嗎？
從我有記憶以來，爸爸面對健康的話題，都會往災難性的方向思考。
小時候爸爸常說：「我以後中風坐輪椅，你要推我去哪裡哪裡喔……」
我小時候還真的以為每個人長大都會中風、罹癌。
直到長大後，我才意識到爸爸的生活型態非常不健康。

熬夜追劇、作息混亂，也總是把甜點和零食當成正餐。
看著總是擔心健康，卻從不照顧健康的爸爸，有一次媽媽說：
省錢吃零食當正餐，最後只會把錢花在醫藥費上。
你再這樣亂搞自己的身體⋯⋯
以後真的生病臥床的話，我是不會照顧你的。
妳怎麼能說這種話?!
為什麼要這樣詛咒我？
但爸爸並沒有意會到這句話背後的用意。

這一兩年，我開始努力說服爸爸改變生活習慣。
運動才會有高品質的老年生活，你看這是我的健友，他已經八十歲但還是⋯
運動是你們年輕人的事，我走路就好了。
很多長輩面對自己的健康，只想著維持現在的樣子就好，
但是在老化的過程裡，健康只會一直扣分，只有加分才有本錢抗老化。
明明擔心健康，卻不著手照顧自己，總是相信「該走的路」這樣的宿命。
我感到很無助、也很生氣，但同時我也知道⋯⋯

「強行改變一個人，是很自私的。」

不過，人生「沒有所謂該走的路」這件事，不也是爸爸你教我的嗎？

番外篇 6 大力士

「他怎麼突然對我這麼好？」

「你不知道嗎？」

「剛才晚餐時，兒子突然夾了一大堆飯菜給我。他怎麼突然對我這麼好？」爸爸問。

「你不知道嗎？」媽媽回答。但爸爸只是搖頭。

我三歲時，全家去了金瓜石的黃金博物館，館內有一只壓克力透明櫃，裡面擺著一塊很大的純金金條；櫃子上開了一個小洞，剛好可以把手放進去。

大金條前有一行字：「只用兩根手指把大金條夾起來的人，可以帶回家。」

大家都知道不可能，但每個人經過時還是忍不住笑著試了又試。

回家後，我不停拿著各種好吃的東

西餵爸爸，並且看著他吃下去。三歲的我希望把爸爸餵壯一點，改天去黃金博物館，他就可以把那條黃金夾起來帶回家。」

小時候，爸爸就是我心目中最強壯的大力士。

很累的時候，像是失去了全身的力氣。吞幾顆頭痛藥，關上燈，一人坐在黑暗裡，聽著自己的心跳。

不久之後。空氣裡出現淡淡的光芒，逐漸擴大成為一個光點，停在那裡。一個影像在眼前逐漸成形，像在野地的夜空下偶然看見一隻螢火蟲，閃爍著，有點模糊，卻一時異常明亮。

回憶的光芒倏然而止，心有點沉。現在李白是青少年了，我們不再像小時候那麼麻吉，不再無話不談；事實上，我們的共同話題好像越來越少了。曾經一起坐在路旁，吃著西瓜冰棒，和路過的汽車打招呼的日子；那樣的他的童年，我們所共享的、爸爸是世界上力氣最大的大力士那樣的童年，就像在稀薄空氣中逐漸離去的螢火蟲，伸出手也抓不到，是黑暗中一顆小小的光點。

——摘自爸爸的臉書文章

不被放棄的孩子

國小二年級的我，不顧老師們的反對，留了一頭及腰的長髮。
男生不可以留長頭髮！
誰規定的？我就想留。
成為老師眼中釘的我，還超級喜歡反駁老師在課堂說的話。
老師，我覺得妳教的是錯的。
你怎麼用這種態度跟老師說話！

面對總是造成老師們困擾的我，爸媽決定讓我轉學。
記得跟我念同一所小學的哥哥，曾經因為太害羞不敢在全班面前朗讀課文，
而被國語老師罰站了一整年，只要是國語課，都得在全班面前罰站。
於是，我轉學到了一所在深山裡的國小。
這裡不用穿制服、沒有一堆奇怪的規定，老師還帶大家在戶外上課。

學校裡，沒有任何老師對我的一頭長髮有意見。
在我們班上，有很高比例的孩子有身心狀況：智能障礙、行動不便……
自閉症
發展遲緩
腦性麻痺
過動症
他們跟我一樣，在班上通常是會被同學霸凌、被老師放棄的孩子。
但是在這所僅有兩百人、大家都認識對方的學校裡，沒有人是特別的。
這個學校並不是特殊教育機構，也不是什麼貴族小學，
就只是一個，讓每個小孩都能做自己的地方而已。

當時遇到的班導師，鼓勵我把腦中怪怪的想法統統變成漫畫，畫在週記上。
那是我人生第一次連載漫畫。
太精采了
下一集會怎樣？
也是我第一次嘗到「用畫筆說故事給別人聽」的快樂。
學校裡有一個酷傳統：六年級畢業時，必須登上學校旁邊那座山的山頂。
老師、同學和家長們都會一起共襄盛舉。

那座山的路線不算簡單，老師和我們攻頂時，都開心得大跳大叫。

只有那位腦性麻痺的同學，因為不太能走路，所以沒有跟著大家一起去。

當大家下山時，爸爸注意到他坐在教室裡的背影看起來特別寂寞。
我畢業了！

於是爸爸坐下來和他聊天。
你也想爬山，對不對？
嗯，但我一定沒辦法到山頂⋯⋯
於是隔天，爸爸特地請假帶著那位同學再爬了一次山。
沒關係，能走多遠就走多遠。
因為爸爸不希望他感覺自己是「被放棄的孩子」。
長大後我才聽爸爸說，當時老師跟家長們為我們這些孩子做了多少努力。
為家境清寒的同學募款、帶著拖把到家長臥病的輕度障礙學生家裡打掃⋯⋯

只為了讓他們感覺自己
沒有被人放棄。
直到畫出這篇故事的當下，
我才發現這件事：我當初也
是差點被人放棄的孩子。

長大後，我才知道
和我有相同特質的
人不少，而且經常
過得很辛苦。
……能被家人與學校
所接納，我知道這樣
的自己是幸運的。

第
3
章

伴侶的腳步

雖然是剩菜剩飯，
但兩個人都吃得很香。

小時候，聽到爸媽一直講同樣的事情時，總覺得很煩；長大後聽了更多次，還是覺得滿煩的。

這一章裡的〈一千日圓的故事〉及〈在國外不要亂按按鈕〉是我從小到大，曾聽爸媽說過無數次的故事。我曾試著在他們第一千次說起同一個故事時，插嘴直接說出結局或嘗試轉移話題，但全都徒勞無功。

爸媽就是愛講。

他們也超喜歡提起我五歲時，在天母公園和哥哥玩捉迷藏，結果不小心跌倒，一張臉直接摔在水溝蓋上，傷口見骨、縫了五針的故事。之所以一再提起，是因為當時年僅五歲且受了重傷的我躺在手術檯上等待縫合時，竟然不哭不叫，反而一直咕噥著：「鄰居姊姊看到會不會笑我……」

講著講著，不知不覺中，變成我對讀者們講故事了。

我們回家吧！

爸媽剛交往時，爸爸二十八歲，媽媽二十四歲。
在交往初期，兩人的戀情就遭到阿嬤的強烈反對。
理由是因為媽媽來自農村家庭，不符合阿嬤「門當戶對」的想像。

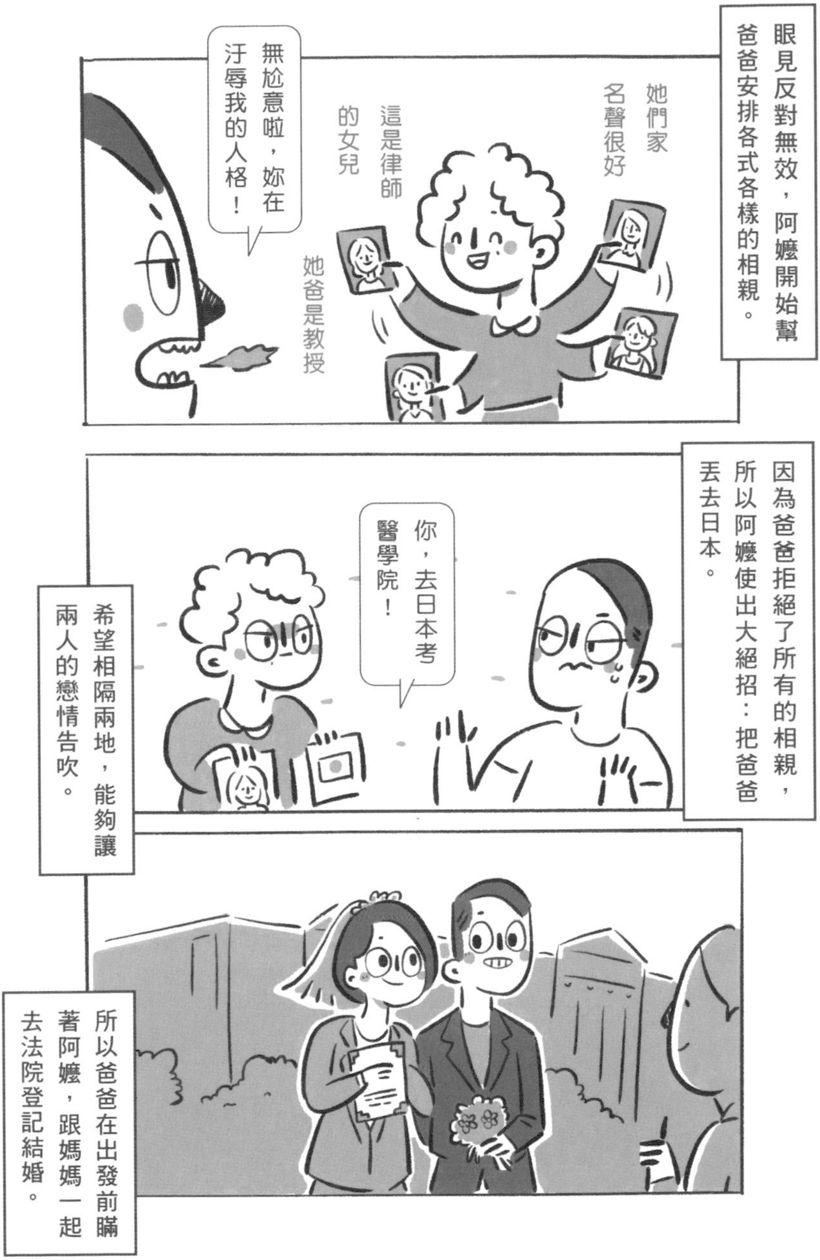
眼見反對無效，阿嬤開始幫爸爸安排各式各樣的相親。
她們家名聲很好
這是律師的女兒
她爸是教授
無尬意啦，妳在汙辱我的人格！
因為爸爸拒絕了所有的相親，所以阿嬤使出大絕招：把爸爸丟去日本。
你，去日本考醫學院！
希望相隔兩地，能夠讓兩人的戀情告吹。
所以爸爸在出發前瞞著阿嬤，跟媽媽一起去法院登記結婚。

四天後，爸爸就飛去了日本。
在那個年代，兩個人一週只能通一次電話；就算寫信，寄到時也相隔數週了。
幾個月後，媽媽做了一個決定。
……

身無分文的媽媽為了追愛，決定整理行李和積蓄，到日本找爸爸。
千方百計地湊出機票錢後，媽媽真的來到了日本！
正當媽媽與爸爸準備感動地久違重逢時……
說巧不巧，阿嬤這時候竟然也出現了，本來不應該讓她知道的。

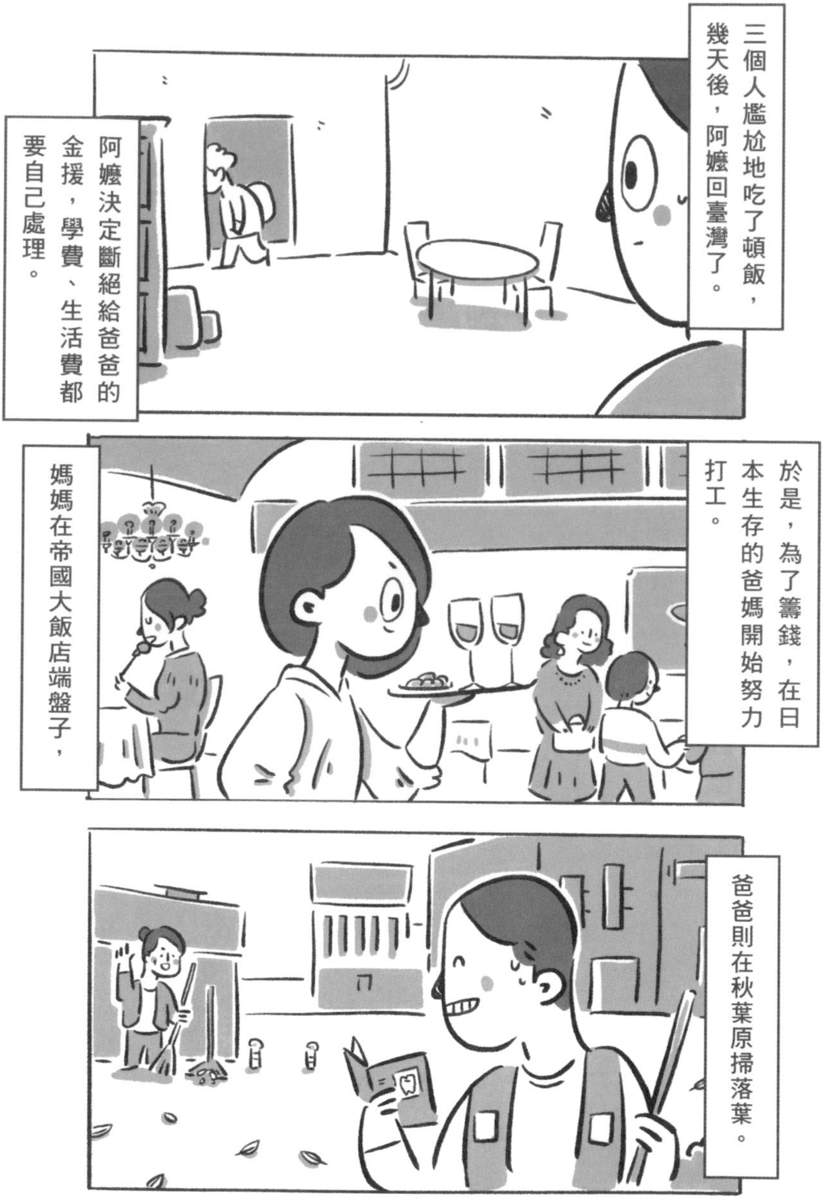
三個人尷尬地吃了頓飯，幾天後，阿嬤回臺灣了。
阿嬤決定斷絕給爸爸的金援，學費、生活費都要自己處理。
於是，為了籌錢，在日本生存的爸媽開始努力打工。
媽媽在帝國大飯店端盤子，
爸爸則在秋葉原掃落葉。

每天晚上，媽媽會帶著飯店客人吃剩的飯菜回家，和爸爸一起吃晚餐。
雖然是剩菜剩飯，但是兩人都吃得很香。
雖然住在五坪不到、沒有浴室的舊公寓裡，可是兩人都過得很開心。
吃完飯，兩人會一起讀書到天亮，再繼續過新的一天。

就這樣過了幾年，爸爸終於考到了日本的牙醫執照！
原本對日文一竅不通的媽媽，也考上了日本很難考的千葉大學。
考上證照後，爸爸每週日會去幫學長代班看牙。
雖然早上五點就要起床，再搭好久的車，但是看診一天的薪水就足夠兩人生活。
兩人一起努力、過著開心的日子，就這樣好幾年過去……
他們也面臨了一個選擇：要留在日本當日本人，還是回臺灣？

某一年，爸爸的學長問他：要不要來當醫院的院長？
工作繳稅幾年後，你們就能當日本人囉！
面對超高月薪、附贈洋房、又大又漂亮的醫院，爸媽相視而笑……
因為正好在幾天前，他們已經做好決定了。
爸爸媽媽還是想當臺灣人，也覺得差不多要回家了。
真的很謝謝你……
但是我們已經決定好要回臺灣了。

於是爸爸媽媽從日本帶著滿滿的收穫，兩人開心地回到了臺灣。
我想吃滷肉飯！
好想吃客家小炒喔！
媽媽說，這是他們做過最好的決定之一。

番外篇 7 十字路口

「當你站在人生的十字路口，當你遇見摯愛，時間會停止。
你會赤足走在柔軟的綠草地上，你會下定決心。」

那年冬天，一個清晨，以東京居民的方式，乘坐清早第一班中央線電車，到達被超高大樓圍繞的新宿御苑。

我必須到日本大學附屬病院上班；但在這之前，我更需要來這裡，在十分冷冽的晨風裡，走進無人庭園，腳踩在碎石子步道發出清脆的腳步聲，撼動猶豫不決的心。

兩隻烏鴉飛過白樺木樹梢，發出沙啞的啼叫。我站在灑落一地黃色銀杏葉的大樹下，望著池畔偶爾冒出頭部的小烏龜。

接下來，該如何？

生命是一連串的決定，但並不新鮮。

學長說，厚生省執照好難考，都拿到了還不用嗎？反正待幾年就可辦理歸化移民，跟大家一樣就好了。

繼續在有條不紊的日本工作，在都市，擠在一群穿風衣的男女職員的電車裡，走在幾乎無接縫誤差的平整人行道上，享受先進社會生活；或是受聘去鄉下，到一年大雪封路四個月的北海道無醫村，領高薪上班。

或是……回家。

那個冬天，在那個困惑的時刻，在新宿御苑，我不是一人。

念千葉大學言語系的妻子默默陪在身旁。兩人一個蹺班，一個蹺課，我們站在巨大的日本庭園裡，各自捧著一罐自動販賣機滾出來的熱茶，呵著白色的霧氣，一起看著水池裡忽隱忽現的小烏龜。

「回家吧……」我說。

當你站在人生的十字路口，當你遇見摯愛，時間會停止，你會赤足走在柔軟的綠草地上，你會下定決心。

「好，」她說，「我們回家。」

——摘自爸爸的臉書文章

一千日圓的故事

爸媽在日本求學的那幾年，大部分都是在手頭緊迫的狀態下度過。
雖然大部分的時間都在打工、念書，

但日本有那麼多美麗的地方，兩人還是希望去看看。

某一個假日，兩人碰巧都沒有安排重要的事情。
我們今天出去走走吧！

可是出發前，爸媽才發現扣掉必要的開支後，
他們只剩下一千日圓可以出去玩。

一千日圓，真的有辦法讓兩人去一日遊嗎？
1000
千円
1000

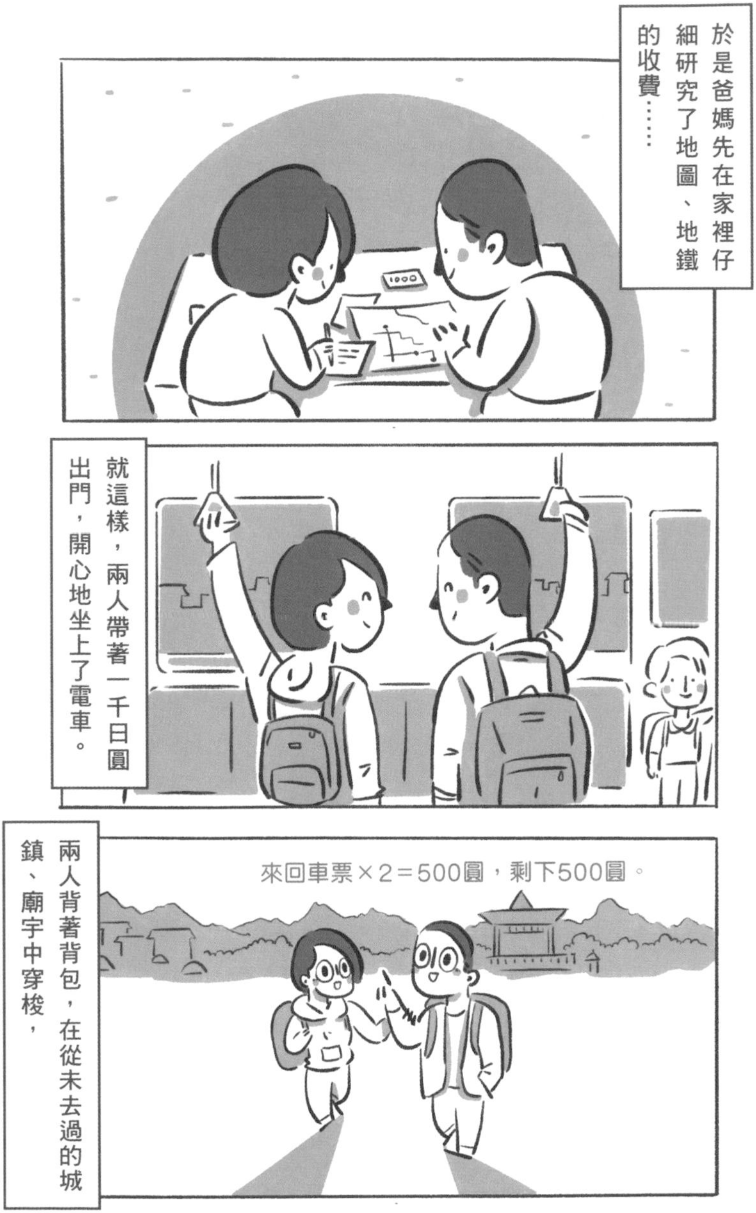
於是爸媽先在家裡仔細研究了地圖、地鐵的收費……
就這樣，兩人帶著一千日圓出門，開心地坐上了電車。
來回車票×2＝500圓，剩下500圓。
兩人背著背包，在從未去過的城鎮、廟宇中穿梭，

肚子餓了，就去路邊和小攤販買糰子吃。
糰子×1＝100圓，剩下400圓。
坐在山坡上，兩人一起分著一串糰子，吃得很香。
瓶裝水×1＝100圓，剩下300圓。
逛街時，偶爾會經過一些高級的餐廳。

菜單上的價格貴得兩人想都不敢想，但是沒有關係。
因為兩人都已經吃飽了。
回到家後，脫下厚厚的大衣和靴子，準備再出門一次。
晚上下了雪，兩人抱著臉盆踏在雪地上，準備去泡個熱呼呼的湯。
ゆ
ゆ
大眾澡堂×2＝300圓，剩下0圓。

這就是爸媽如何用一千日圓出去玩的故事，爸爸平常超愛說的。
尤其是我們全家到日本玩的時候。
即使沒有錢，還是要把生活過得開開心心的喔。

在國外不要亂按按鈕

今天說故事的人是我的媽媽，這是一則四十年前的故事。
媽媽與爸爸在我這個年紀時，一起到日本留學了好幾年。

兩人在剛到日本時，發生了一件事……

剛到日本的時候，語言不通的媽媽只會說「你好」跟「謝謝」。
為了考上日本的大學，媽媽開始非常認真地苦讀日文。
有一次，媽媽和爸爸一起來到市立圖書館念書準備考試。
讀了一個下午的書，媽媽準備起身去休息一下。
我離開一下喔！
好。

媽媽走進圖書館的洗手間後，
在隔間裡的牆壁上看見一個醒目的紅色按鈕。
欸？這個按鈕是…
按鈕底下的說明文字中，媽媽只看得懂「氣分」「惡」幾個漢字。
push
正確翻譯：若感覺周圍不對勁的話，請按這顆按鈕。

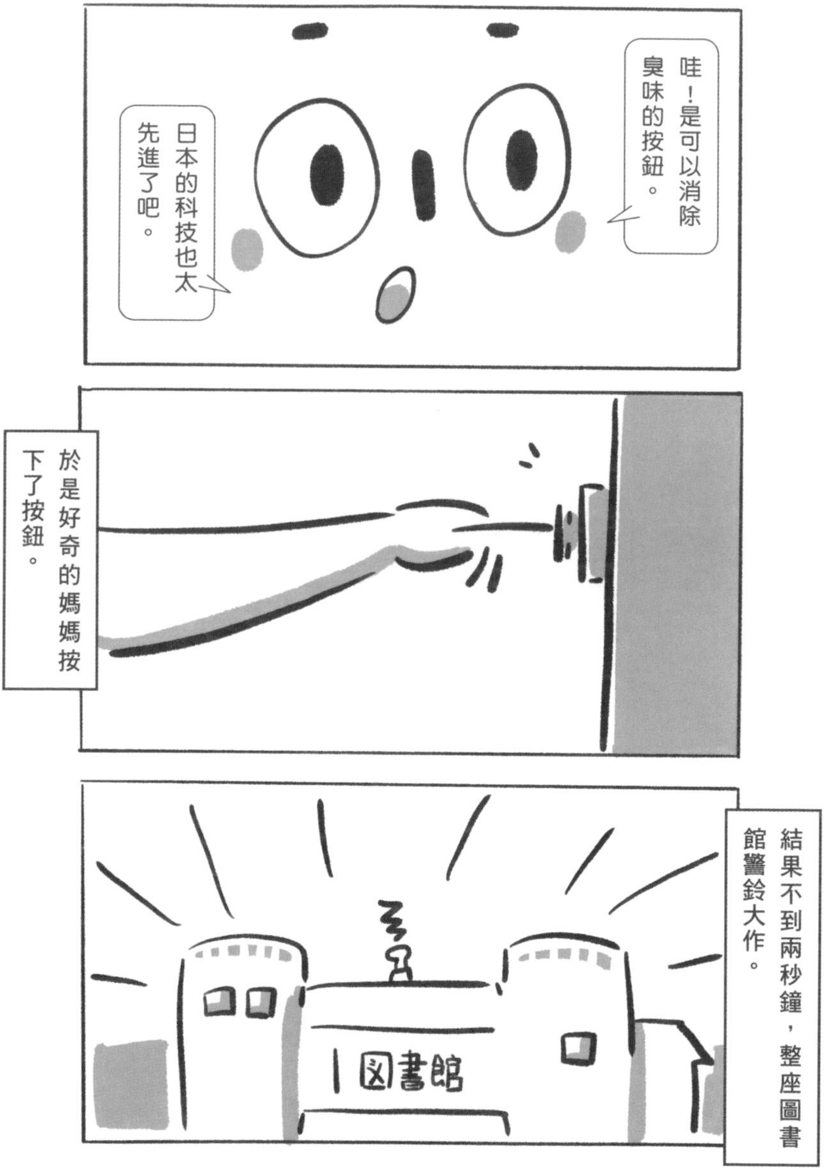
哇！是可以消除臭味的按鈕。
日本的科技也太先進了吧。
於是好奇的媽媽按下了按鈕。
結果不到兩秒鐘，整座圖書館警鈴大作。
図書館

一群人破門而入進到洗手間。
發生什麼事了?!（日文）
媽媽膽戰心驚地繞過大家，走到洗手檯洗手……
接著若無其事，悄悄地離開了。
這段糗事，是我從小聽到大的故事。
哈哈哈哈，每次聽都很好笑。
對吧！

這個故事其實還有後續⋯⋯
故事的後續是，媽媽慌張地離開洗手間、回到閱讀區時⋯⋯
聽到警報聲的爸爸，已經在收拾兩人的書包了！

相隔一層樓的爸爸，竟然憑直覺就知道是媽媽闖的禍！
快、快走啊！
神色緊張的爸爸，在媽媽心中留下了難以忘懷的一幕。
兒子啊，
在國外不要亂按按鈕喔。
我知道啦。

不可思議的相遇

某天爸爸心血來潮，和我說了一段故事。
我跟你說一個不可思議的故事。
你記得我常常吹噓自己的流浪事蹟吧？
我的第一次流浪，是高中二年級時去騎車環島。

四十年前，爸爸高中二年級的暑假，他決定一個人騎單車環島。
雖然身上的零用錢不多，也還是在旅途中體驗了臺灣各種有趣的地方。
因為沒有錢住旅館，所以爸爸每晚都得想辦法住在不用花錢的地方。

教堂、小學教室，偶爾借住在警察局的沙發上。
爸爸帶著睡墊和帳篷，當天騎到哪裡，就睡在哪裡。
有一天晚上，爸爸半夜來到苗栗的一所小學露宿。
因為騎了一天的車，疲倦的爸爸摸黑搭好帳篷後，就昏沉睡去了。

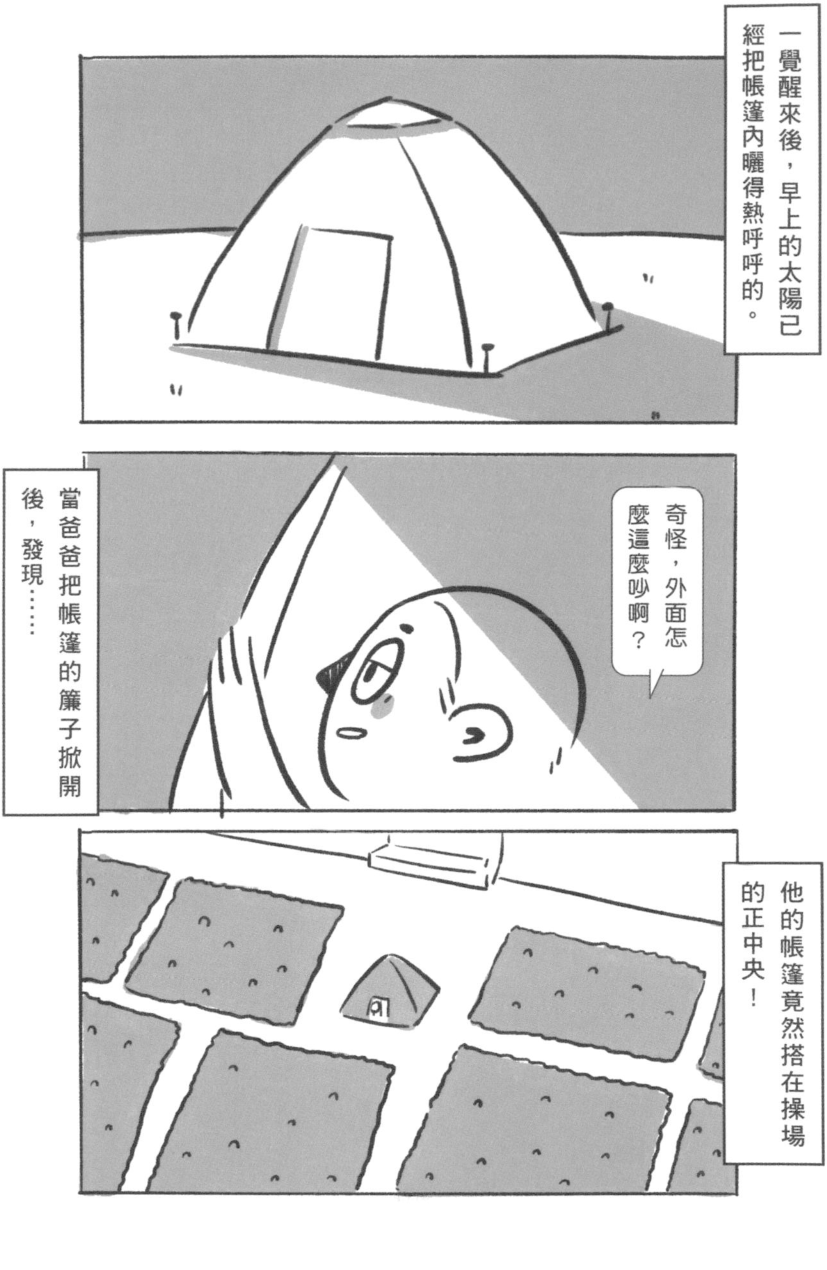
一覺醒來後，早上的太陽已經把帳篷內曬得熱呼呼的。
奇怪，外面怎麼這麼吵啊？
當爸爸把帳篷的簾子掀開後，發現……
他的帳篷竟然搭在操場的正中央！

早上來學校的小學生們，就這麼圍著那頂莫名其妙的帳篷升旗。
從帳篷爬出來、被全校師生注視的爸爸，收拾好行李後落荒而逃。
這個故事不可思議的地方就是，當年在升旗隊伍裡擔任司儀的小學生，
在十年之後認識了爸爸，和他陷入愛河。

沒錯，那名小學生就是我媽媽。
這就是我爸媽第一次遇到彼此的故事。

感謝傷害你的人

每年的除夕夜，全家都會去東門市場買年菜和各式各樣的食材。

小時候的我，無法理解為什麼過年那幾天，媽媽總是看起來滿面愁容。

在阿嬤家裡，總是女生在廚房忙東忙西，男生待在客廳看電視。
老實說，幼年時的我一直以為這是一件正常的事情。
包含阿嬤對媽媽的所作所為總是很苛刻這件事……
我和哥哥出生時，阿嬤都沒有來看我們，只送了一包過期的餅乾。

開車出遊時，總是媽媽負責開車。記得有一次媽媽已經開了整天的車，
阿嬤卻還是要求媽媽開回家為大家煮飯，因為她不想在餐廳吃晚餐。
長大後，我才慢慢想通了來龍去脈。
因為媽媽在阿嬤眼中，永遠是一個「配不上爸爸的人」。

在我十九歲那年，媽媽得到了她夢寐以求的金鐘獎，躍上了各大媒體。
GBA
某一天回阿嬤家，阿嬤對著爸爸說：
友中啊，你什麼時候也拿一個牙科的獎回來？
媽媽後來和我說，
或許在那一刻開始，自己已經不是那個讓阿嬤瞧不起的小女生了。

阿嬤對媽媽來說，就像生活中的大魔王。用電影來形容的話，
兩人的關係，就像是《少年Pi的奇幻漂流》中的少年與猛虎。
記得猛虎終於離開Pi時，少年Pi並沒有如釋重負，反而痛哭失聲。
生活中有很多關係會讓你活得痛苦，讓你拚了命地想擺脫對方。
但是當一切結束時，你才猛然意識到，這已成為你生命中的一部分了。
阿嬤過世前，家人、親戚們都圍繞在病床前。

媽媽握著阿嬤的手，看著三十年來讓自己焦慮、害怕的阿嬤，媽媽說：
媽……
謝謝妳。
媽媽說，那是她真心想說的一句話。
阿嬤在我二十歲時過世，直到她離開前，我都未曾試著了解過她。
後來我才知道，阿嬤也曾在日本留學，
她主修生物，回國後在臺中女中任教。
二二八事件時，她帶著學生為臺中的義勇軍包飯糰、照顧傷員……
她與阿公退休後，曾經一起到日本的奄美大島上為老年人義診。
她有夢、有理想，有過精采的一生，而不只是一個坐在輪椅上的阿嬤。

現在我們還是常經過阿嬤家的那條巷子，看著那扇熟悉的紅色大門……
大家都會安靜地經過，我想是因為大家心裡都有自己想對阿嬤說的話吧。

番外篇 8 童謠

〈夕焼け小焼け〉(〈日落餘暉〉)

夕焼け小焼けで　日が暮れて(滿天晚霞,太陽要下山了)

山のお寺の　鐘が鳴る(山上寺廟的鐘聲響起了)

お手て繋いで　皆帰ろう(手牽著手,大家回家吧)

鴉と一緒に　帰りましょう(和烏鴉一起回家吧)

這是今天九十一歲的老母教我的歌,屬於她的時代的兒歌。

黃昏的櫻花樹下,我們推著輪椅慢慢走著;草地上,數十隻麻雀嘰嘰喳喳叫著,引起了她哼歌的共鳴。

本來想慫恿她自己唱唱就好,竟一句句教起來了。我得趕快寫下來,趁著還記得。我們唱的時候,一個小孩奔跑過去,嚇走地上的麻雀。

媽媽開始哼起童歌,先是那首我們小時候都聽過的;不知不覺，又一首，一首跟著一首。她唱著八十年沒忘的日本童謠，一字不差。

我們靜靜陪著，在漆黑的夜晚，她看到了明亮的、曾屬於她的童年，屬於那個彰化二林眼科的長女，屬於她的、彷彿電影靜靜回放的一生。

初屆臺中高女、留日學習生物、返國任教、在教師宿舍養貓；二二八時，帶學生為臺中義勇軍包飯糰；當然還有，生下我們。

那晚，我們陪著媽媽歌唱。夜漸漸深了，光耀奪目的螢火蟲緩緩消失。

一點點的優雅，一點點的追想，一點點的夢，遠了。

如果給你寄一本書，我不會寄給你詩歌。

我要給你一本關於回憶，關於此生華麗之轉身。

這幾年，去了山巔觀看翻滾的雲海，來到海邊等待綺麗的日出，卻都無法取代母親的笑容。

秋日入林，即將墜落的枯葉，在消失於來時的宇宙之前，綻放眩目的金黃。

原來，凋萎是最美的時刻。

通常，行動不便的老人，由於身體積累一生的際遇，大多時間陷溺於厚重的回憶，而忘記如何微笑。如果在不經意間，被看到露出靦腆的笑顏，那會是很棒、很難得的一刻。

——摘自爸爸的臉書文章

想把對方掐死的念頭

從某個時期開始，爸爸在全家出門玩、吃飯時總是戴著藍牙耳機。
我有時會覺得很難過，全家難得相聚，爸爸卻覺得聽Podcast更重要。
但我並不是完全無法體諒爸爸，因為媽媽說的話真的太多了。
媽媽一個人說話可以填滿九九%的空檔，甚至不需要任何回應。

有時候爸爸會試著發表自己的想法，但是……
我覺得……
我在講話，你怎麼可以插嘴?!
我偶爾也會試著開啟新話題，但是……
我覺得……
不是那樣，應該是這樣才對，你說對吧？
媽媽對話題的控制力實在太強了。
長久以來，爸爸學會了閉嘴，我學會了不要表達自己的想法。
家裡能和媽媽聊得一來一往的，只有青少年時期的哥哥。

雖然媽媽從不抱怨、也不發牢騷，身為一個有人生歷練的前廣播人，她說的內容也的確很有料、很精采……
但就像是聽著同一個廣播節目，聽十年、二十年後還是會很累的。
或許我跟爸爸一樣和媽媽相處四十年，也會決定戴上耳機吧。
我總是在聽別人說話，所以學會了當一名傾聽者。
但是我永遠學不會表達，也不知道怎樣面對衝突。

媽媽曾經說過，在一段婚姻裡，你會有五百次想把對方掐死的念頭。
因為在朝夕相處中，每個人的缺點都會表露無遺。
即使是大眾眼中的優點，也可能在家人眼中變成缺點。
不同於一般的父母，我爸媽總是告訴我們：
沒有覺悟，就千萬不要結婚。
沒有想清楚，就千萬別生小孩。

但我想那不是因為我媽不希望我們結婚、不希望我們生小孩，
而是因為我們都清楚，關係中總是充滿了挫折，和離開這段關係的誘惑。
雖然我們家相處還算融洽，但每個人的缺點都曾讓彼此無法忍受過，
日子卻還是這麼過了。
歸功於爸媽，我很早就看破了廣告、電影中形容的美好關係。
世界上不存在永遠美好、永遠幸福的關係。

每段婚姻、每段血緣關係中，都會出現想把對方掐死的念頭。
不過我想每個人大概都這麼想過，所以就算了。

第
4
章
▼

母親的腳步

只有你能告訴自己：
「你不是沒用的人。」

由於媽媽無時無刻都在奔跑，我幾乎沒看過她悠閒走路的樣子。因為我的媽媽，是個找到熱愛的東西之後，就會把人生All in的人。

她當廣播主持人時，可以在錄音間坐上一整天，不論火災還是地震，都無法撼動她的節目；她花了好幾年時間，上山下海地採訪臺灣各地的文化人、表演者和弱勢族群，直到抱了一座金鐘獎回家。

她曾在我小學時無可自拔地愛上打桌球，於是一天狂打十小時，除了成為桌球教練，還打到肌腱斷裂。

除了廣播人、咖啡人和桌球教練之外，她年輕時還是插花老師、日語老師——但我相信一定還有一些我尚未知道的職業。

六十歲時，考上杯測師的媽媽開了一家心目中的咖啡店。我心想，有了固定的地方，媽媽的生活應該算是定下來了吧。

店裡沒人時，媽媽會繼續進修咖啡知識、學英文，或是將雙手撐在吧檯上做伏地挺身。店休時，一大早五點就會起床，開車到全臺各地拜訪各種咖啡職人。

至於店內客人滿座時，她可以和所有進到店裡的人天南地北地聊天，不分年齡，不分國籍。

開店幾年後，她決定開始額外進修品茶和金工，讓店裡的產品更豐富。無論身處何處，媽媽就是停不下來，

這幾年很流行「FIRE」財務自由的話題。某次朋友來到媽媽的咖啡店裡，我們一群人聊到，如果真的順利提早退休的話，要做什麼、要去哪裡。媽媽聽到之後說：「人如果沒有工作的話，生活重心很容易只剩下吃喝拉撒。每天逢人都在講同樣的事，家裡怎樣，小孩怎樣，都不知道自己為什麼而活。我不想變成那樣的歐巴桑。」

媽媽認為，如果有一天真的財務自由了，更應該努力工作才對；因為不為錢而工作的你，更能將所有的愛奉獻給自己喜歡的事情。

其實媽媽不是天才，她只是很努力，同時很享受努力的過程而已。她也曾告訴我，即使所有人都覺得不必努力，或者努力也沒用了，你也完全不用管他們。

就和最後一篇故事中的男孩一樣，學生時期與初出社會時，我也曾被長輩罵過是「沒用的年輕人」，但我媽讓我知道，只有你能告訴自己：「你不是沒用的人。」

念故事給全世界聽的媽媽

媽媽在念高中時，就夢想成為一名記者。

從小在鄉下農村出生的她，覺得這個夢想離自己相當遙遠。
當時的媽媽肯定沒想到，自己會在四十年後得到一座金鐘獎。

時間快轉到我跟哥哥出生後，媽媽放下了當時的工作，在家帶小孩。
她每天晚上都會拿各式各樣的繪本、童話，念睡前故事給我們聽。
當我跟哥哥長大以後，媽媽決定去學一點新東西。

「該是時候完成夢想了吧。」這麼想的媽媽報名了電臺開設的廣播課程。
實習的空檔時，媽媽會練習念新聞稿給電臺的主播聽。
某一天，主播告訴媽媽：「妳的聲音很乾淨呢！」
有機會的話，妳願意來電臺當主持人嗎？

這對當時的媽媽來說，簡直是個夢寐以求的機會！
喔…好啊。
不過聽說當時媽媽為了裝酷，表現得很淡定的樣子（笑）。
當時電臺有位主播請了整年的育嬰假，所以空出了一個節目的空檔。
ON AIR
於是媽媽就這麼成為了廣播主持人，還可以製作自己的新節目！

但是要做什麼樣的節目呢？媽媽想起了以前念故事給我們聽的時光……
於是媽媽的第一個節目，就是用客家話念各式各樣的世界童話故事。
ON AIR
節目是對全球播送的，所以當時媽媽就像是**念故事給全世界聽**一樣。
後來那名主播一連生了五個小孩，就沒有再回來上班了。
媽媽在好幾年間做了不同議題的節目，採訪了臺灣很多有故事的人。

我要得到金鐘獎

媽媽把我和哥哥養大後，成為了一名專業的廣播主持人。
她每天泡在錄音室中，把每一集節目都拚命做到最好，
直到有一天，她入圍了金鐘獎。
玉嬌，恭喜妳！
哇！真的嗎？

只不過，那一年入圍的媽媽並沒有得獎。
得獎的是……A先生!!
那是媽媽第一次嘗到在典禮上與獎盃失之交臂的失落感。
在那之後，還有第二次、第三次……
有一年媽媽又入圍了，爸爸西裝筆挺地一起來到頒獎典禮。

結果那一年的金鐘獎，又頒給了別人。
那年，媽媽入圍了很多獎項，卻一個都沒有得獎。
那時候，在會場中的爸爸扯下了自己的領帶。
看來爸爸也很難受呢。
喂喂
到底是我沒得獎，還是你沒得獎…

記得每次入圍金鐘獎的那一個月裡，在電臺裡都會走路有風。
明日之星！
電臺的黑馬就是妳！
但是落選後，一切就會回復原狀。
真現實呢⋯⋯
有一次，媽媽跟經理說自己再也不要比賽了。
我不要比了！我快受不了了！

每一年抱的期待越大，失望也越大。
不斷入圍，卻連連落選的挫折感幾乎要壓垮媽媽了。
經理聽完後後，只說：
妳知道嗎？沒有人能像妳跑得這麼遠。
「過去幾年裡，我總是可以放心地將不同節目交給妳做。」
ON AIR
「只有妳做完節目後會拿給我修改，改完後再拿給我聽。」
「不厭其煩地將節目雕琢到最好，這是別人做不到的事情。」

「自從妳來到電臺後，我就不用擔心其他主持人了。」
「因為他們都會向妳看齊。」
那一刻的媽媽，心中的火焰又熊熊燃燒了起來。
「繼續拚下一年吧，然後再下一年。」她這麼想。
「我一定要得到金鐘獎。」當時這麼想的媽媽，並不知道的是，
謝謝，我會努力的……
除了金鐘獎以外，自己還將得到卓越新聞獎，以及世界級的傳媒大獎……

在精神病院的日子

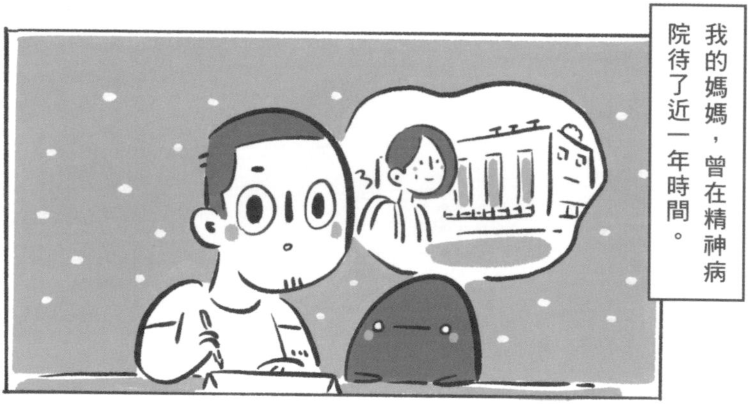
我的媽媽，曾在精神病院待了近一年時間。

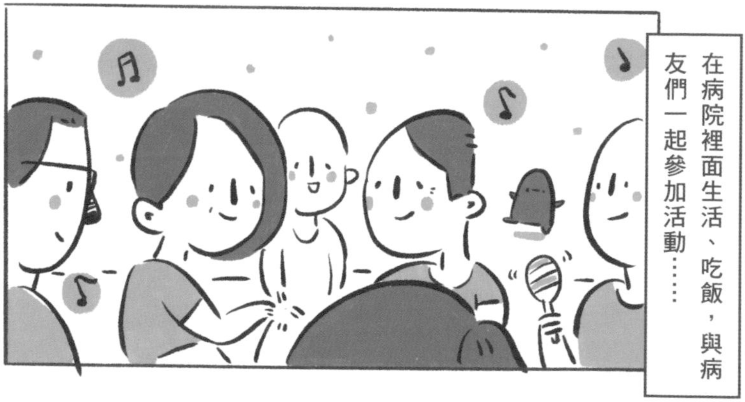
在病院裡面生活、吃飯，與病友們一起參加活動……

時間回到我還是學生時，當時兩個隔壁班同學起了爭執。
吵到後來，其中一人向對方說了一句：
妳就是一隻**恐龍**！
哈哈
沒想到這句吵架時說出的話，對那名女同學造成很大的衝擊。
各種情緒、壓力、幻覺瞬時湧進她的腦中，然後……

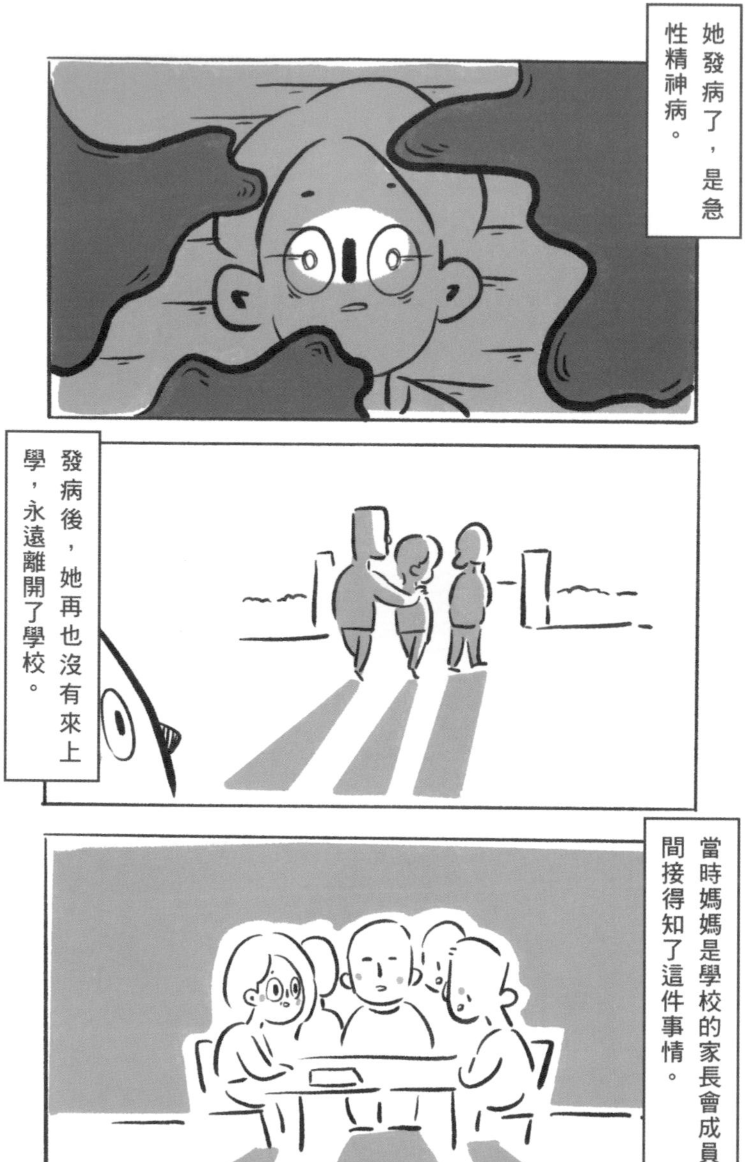
她發病了，是急性精神病。
發病後，她再也沒有來上學，永遠離開了學校。
當時媽媽是學校的家長會成員，間接得知了這件事情。

後來才知道，她的父母也都有相關的病史。
學校的高層不讓她回到學校上課，擔心她會在課堂中做出什麼事情。
媽媽從那時候就開始想著：「這樣的孩子，會何去何從呢？」

時間過了好幾年，媽媽心中還是掛念著那件事情。
「學校不接納她，家裡也無法照顧她，那她到底能去哪裡呢？」
為了知道這樣的孩子會去哪裡，媽媽整理了行囊、工作用具……
坐了好幾小時的車，來到一座深山裡。
媽媽來到了精神病院，希望能以節目主持人的身分採訪他們的故事。

雖然院方接受了採訪，但院長與看護人員對媽媽並不友善。
畢竟，媒體常常以獵奇、偏激的角度報導精神病患。
大眾想到精神病患，便會不自覺聯想到「不正常」「危險」。
在這樣的考量下，工作人員當然會希望保護病友們。
他們見過太多為了博取點閱率，而做出偏激報導的記者。

在院區裡，媽媽不能錄音、不能錄影，與人訪談也困難重重。
好的，我明白了。
雖然她完全明白院方的考量，但還是希望用柔性的方式訪談，於是……

那麼，我可以在這裡待一段時間嗎？

媽媽為了記錄精神病友的故事，決定在病院中待上一段時間。

精神病院的日常，其實是……

媽媽來到精神病院採訪後，面臨了一個大問題。

因為精神病院的敏感度，很難真正與院內的任何人採訪、對談。
院長、護理師自然也不會願意多和媽媽這個外人交談幾句。

雖然取得了訪問的權限，但是為了避免危險，院長告訴媽媽：
「在院內使用錄音筆、手機、相機來採訪都是不允許的。」
媽媽回應：「沒關係，讓我在這裡待一陣子就好。」
因此，媽媽開始融入精神病院的日常生活中。
和病友們一起吃三餐、按表操課。

在深山的院區裡打坐、練習呼吸，還有學習吹尺八……
一起學習園藝、一起去爬山。
過程裡，媽媽把自己當成大家的一分子，和病友們聊天談心……
有許多病友正好是我的年紀，媽媽不禁想：

這些小孩每天在山裡勞動、耕作，生活裡沒有考試、沒有排名。
我家的小孩每天在學校，拚命把答案卡上的ABCD塗滿……
我的小孩很「正常」，但是他真的快樂嗎？
我的小孩，考試要考九十分，希望自己有個有前途的未來。

這些孩子連十分都考不到，那他們的未來又在哪裡？
啦啦啦
啦啦
在精神病院住了兩個禮拜後，媽媽再次來到院長面前。
院長，是這樣的……
我想我知道該怎樣採訪這些孩子了。
那就是：「用講我孩子故事的方式，來講他們的故事。」

如果我要和別人介紹我的孩子，我會說出他的需求、他的夢想。
絕不會是講他打破東西、講他尿床，用獵奇的方式介紹我的孩子。
院長聽完後，點點頭。
妳說得很好，這樣的話我就放心了。

院長答應了媽媽，馬上進行了三個鐘頭的訪談。
於是，媽媽終於正式開始製作關於精神病院的節目……

誰才是正常人？

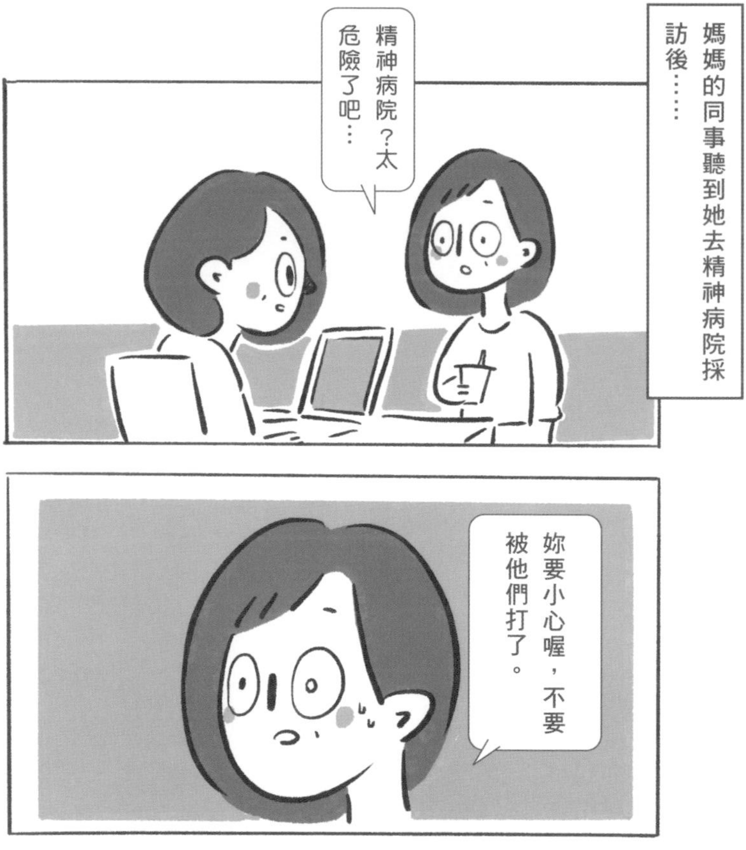

媽媽的同事聽到她去精神病院採訪後……
精神病院？太危險了吧…
妳要小心喔，不要被他們打了。

同事驚訝的反應，讓媽媽陷入沉思中。
過去的五個月裡，媽媽每天都待在精神病院中採訪。
一般人對於「精神病」的想像，還停留在媒體、影視誇張化的影像中。
實際上，他們也有家人，有自己的夢想，也有生活中的需求。

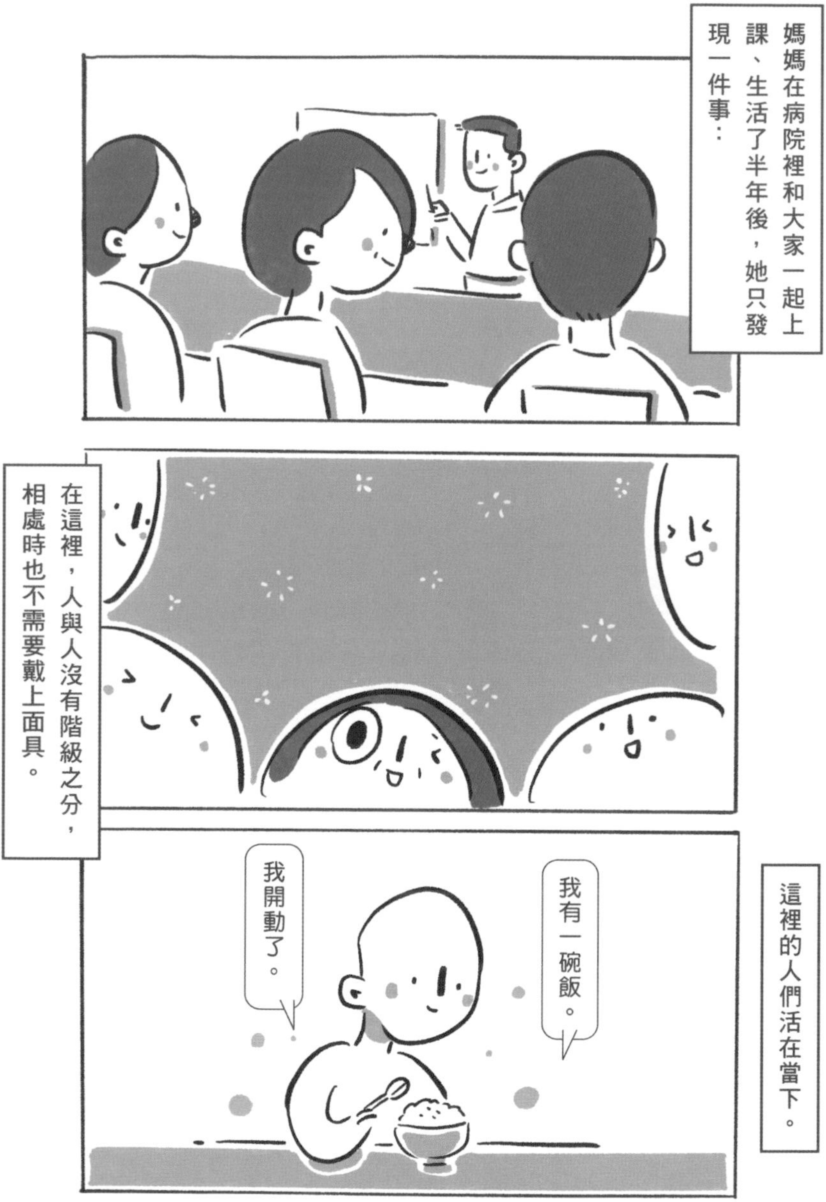
媽媽在病院裡和大家一起上課、生活了半年後，她只發現一件事：
在這裡，人與人沒有階級之分，相處時也不需要戴上面具。
這裡的人們活在當下。
我有一碗飯。
我開動了。

但是很多所謂的「正常人」，卻沒有活在當下。
昨天的飯好像更好吃？
還有更多飯嗎？
如果明天沒飯吃怎麼辦？
會不會不好吃呢？糟糕…
花時間了解後，媽媽發現自己以前對「正常人」的想像完全被顛覆了。
其實所謂的「精神病」是一種灰色地帶，我們每個人其實都有一點病。
精神病患並不可怕，可怕的是走在路上，以為自己很「正常」的人。

刻意去畫分「精神病」與「正常人」的人們，才是真正生病的人吧。
如果你身邊有這樣的人，就接納他們吧。
每個人都這麼做的話，社會會少掉很多問題的。
那天媽媽背上背包，準備坐公車回家。

在公車上搭了很久的路程，媽媽看向了窗外。
正常人們，你們都在為了什麼而汲汲營營地忙碌著呢？
想到這裡，心情複雜的媽媽落下淚來……
最後，媽媽完成了整集節目，也一直和孩子們保持連絡。

番外篇 9 教小孩

「妳女兒……」

「噢，那是我兒子。」

「怎麼沒有叫他剪頭髮？你們不會擔心外界的眼光嗎？」

「妳女兒……」

「噢，那是我兒子。」

「兒子？妳怎麼沒有叫他剪頭髮？你們不會擔心別人說閒話嗎？」

「這就是他真正的樣子，我覺得他自己決定就好。」

因為留了一頭及腰的長髮，再加上兒童時期男女之間的五官、身體特徵不是特別明顯，乍看之下，所有陌生人都會以為我是女孩子。所以有很長一段時間，我都習慣在聽到大人說「妹妹」時回頭，而且他們也通常是在叫我沒錯。

進到男廁時，我會被陌生人請出來：「妹妹，這是男廁，女廁在那邊。」這是在外面上廁所時常會遇到的事；有時遇到特別「守規矩」的人，即使我解釋半天，也不讓我進男廁。小小年紀的我，寧願憋尿到回家，也不願真的走進女廁。

在學校，我會被取「人妖」之類的綽號，編成歌曲和被模仿，也會在路上被同學架住往女廁裡扔；天天請我剪掉頭髮的老師也為此感到頭痛，特別請爸媽要我別再作怪。

二十年前，性別意識還不像現在開放，這些都是我的日常。雖然我很叛逆，但我真的不是想透過留長髮作怪，我也不覺得自己是女生，我只是喜歡自己是這個樣子。留長髮時，照鏡子、綁頭髮都是一種樂趣，如此而已。

但是很明顯的，我的外表造成了很多人的困擾。我和爸媽都被好心的親友、路人關心到不堪其擾，好像我的頭髮是一件全世界都有義務關注的事，但其實不是。

還好，我一直知道自己沒有做錯事，爸媽也從未問過我要不要剪頭髮，連一點點暗示都沒有。他們說，世界上有很多吃飽沒事的人，就愛管跟他沒關係的事。我只要做開心的事、為自己負責就好。

爸媽當初的態度只要有一點不同，我的人生或許就會走向不同路線了吧。

上國中後，在老師與主任的勸說下，我還是把長髮剪掉了。即使現在看起來那些為了升學率、為了校風的理由其實荒謬、沒有道理，我當時還是選擇了妥協，但我知道這是自己的決定。剪掉長髮後，我在國中度過了人生裡最不愉快的三年，但我一直記得，「只要做開心的事、為自己負責就好」這句話。

後來成為創作者後，我發現經營一個以個人創作為題材的網路社群，就像是一個在臺灣社會裡留一頭長髮的國小男生，有人會讚賞你的勇敢，有人不持任何意見，也有人會對你指指點點，對你套上特定的價值觀。

爸媽並沒有教我創作，但從小就教會我分辨誰是吃飽太閒的人，忽略他們、活好自己的人生。這件事，即使過了二十年依然有用。

難道我能視而不見嗎？

我的媽媽是一名廣播主持人，她從二〇一五年開始訪談臺灣的同志伴侶。
ON AIR
做了幾集專訪後，開始有憤怒的聽眾打電話來電臺，反應媽媽的節目。
妳偏袒同志！
這種節目怎麼能在電臺播？

某次媽媽來電臺上班時，發現自己的錄音室被別人鎖了起來。
原來是不滿媽媽節目的基督徒同事鎖起來的。
妳的節目太丟臉了，別做了！
話雖如此，但媽媽其實也是一名虔誠的基督徒。
有一次媽媽來到教會與小組聚會時，組員問到媽媽的節目……
玉嬌，妳最近在做什麼節目？

這個…我在做一個深度的社會議題。
是關於大家不太了解的族群…
之後還是被大家知道了，他們說：「這是在傷害神與妳的關係。」
這種節目太齷齪了！
我不是不尊重同志，但是…
妳身為廣播人，應該自愛才對！
這些言語，說得像是媽媽正在做一件見不得人的事情一樣。
沒想到在電臺做同志的專訪節目，過程中竟然會受到這麼多阻撓。

原來這就是被歧視、被討厭的感覺啊。
媽媽對他們說：「世界上有同志、有喜憨兒、有精神病患……」
「你平常根本不看，也不在乎他們，但是他們也需要有人關心。」
「就像你需要關心一樣。」
有一天，媽媽在電臺的長官語重心長地對她說：
這是個爭議很大的議題，妳確定要繼續做這個主題的節目？

我知道內外都有很多人反對這檔節目，
但是……
但我是一名廣播人，
面對這些事情，難道我能視而不見嗎？
「上帝教我們不要評論別人，那為什麼我們可以評論同志？」

「難道異性戀的我們就沒有做過錯事，難道我們就比較優越？」

抱持著這樣的信念，媽媽決定更深入地把節目做好。

她開始上山下海，採訪臺灣的同志伴侶，準備向世人說出他們的故事……

祝你們幸福快樂

媽媽一開始決定做同志主題的廣播節目時，遇到了一個難題。
我要上哪找同志伴侶來採訪？
媽媽在相對保守的年代出生長大，身邊即使有同志，也不太會公開出櫃。

後來媽媽主動聯繫上同志協會的理事長，才有機會採訪到同志伴侶。

於是媽媽開始了一連串的採訪，
每次見到採訪對象時，媽媽總會先說一句話：
你們好，我是一名基督徒⋯
上帝愛你們。
經過好幾次採訪後，媽媽發現對很多人來說，同志是一種難以啟齒的身分。

有些身為基督徒的同志，在教會內很難做真正的自己。
因為真正的自己，被多數人視為「一種病」，是可以治癒的病。

媽媽花了一整年上山下海，進入許多同志伴侶的生活中進行長期訪談。

記得第一次訪談，媽媽來到一個原住民部落採訪同志伴侶。
她們一起領養了一個女兒，扶養她十幾年……

小女孩從小到大都有兩個媽媽，她一直以為全世界的家庭都是這樣。
訪問了她們的一系列故事後，她們一起看著小女孩在院子裡玩耍。
在採訪小女孩之前，其中一人對媽媽說：
如果可以，希望妳不要告訴她，我們兩個是同志。
我們很怕她在學校被別人欺負、被歧視⋯⋯

如果做了採訪、讓節目播出，她就會知道了吧……
在當下，媽媽做了一個困難的決定：
就是放棄這段訪談，即使她已經累積了珍貴的素材。
「什麼都沒有也沒關係，我不想成為那種記者。」媽媽想。
和那對伴侶道別後，媽媽與夥伴走下山，坐車離開了那個部落。

即使前功盡棄，但是媽媽心中有一股踏實的感覺。
祝你們未來幸福快樂。
這時候的媽媽，距離得到金鐘獎的那天，還有一段路要走。

陽光下的彩虹，是什麼顏色？

媽媽採訪了好幾對同志家庭的故事，做成一集集廣播節目。
在其中一次訪談中，媽媽遇見了一對幸福的伴侶。

她們的家人都能接納自己的女兒和另一個女生在一起。
彼此的雙親也都能坦然地告訴親友：「這就是我女兒的另一半。」
但是，這樣幸福快樂的故事並不占大多數……
很多同志逢年過節被問到「什麼時候結婚」時，只能說：
我的姻緣還沒到啦，哈哈。
很多訪談對象都跟媽媽說，自己跟家族出櫃後，就再也不能回家了。

好朋友們都能接納自己的身分，
唯有自己的家人無法接納。
所以，就乾脆不講了。
「全世界的人都認識我，只有我最親愛的爸爸媽媽不認識我。」
大概就是這樣的感覺吧。
生來和你我一樣的人，只因為性向不同，
就被社會大眾視為洪水猛獸。

為什麼跟心愛的人結婚要經過別人的同意？
要跟誰住一起、生幾個小孩，都要經過大家的檢驗？
你們辛苦了……
媽媽決定透過廣播，將這些人的聲音傳達給大家聽見。
一年的時間裡，媽媽與夥伴們在全臺各地與錄音室間奔走。

再來就是一連串的訪談、剪接、配音……
最後，媽媽的節目終於完成了。
她所製作的節目叫做《陽光下的彩虹》。
從同志家庭的孩子出發，以誠實的角度說出當時最具爭議的議題。
陽光下的彩虹
一口氣得到了廣播金鐘獎、金輪獎和英國的AIB國際傳媒大獎。
幾年後，臺灣成為亞洲第一個同婚合法國家。
有很多伴侶已經等了好幾年，甚至一輩子，終於可以結婚了。

媽媽大半輩子都透過廣播訪談各式各樣的人，說出不同的生命故事。
ON AIR
在這背後，藏著無數個委屈、衝突、誤解的故事……

這個故事還真是長呢。
這就是這座獎盃背後的故事。
如果大家都願意傾聽別人的故事，也許就能理解與自己不同的人了吧。

這就是我媽媽的故事，她是一個說故事給全世界聽的媽媽。

垃圾桶裡的畫作

媽媽終於得到她夢寐以求的金鐘獎了。
本來我們全家人都以為，這就是媽媽的人生巔峰了，沒想到這只是開始……

我大學時在雲林念書，媽媽有一次搭車來看我時，我們一起去喝咖啡。
在古坑一間有名的咖啡店裡，媽媽點了一杯手沖咖啡。

在這之前，媽媽幾乎是不怎麼喝咖啡的。
沒想到媽媽竟然……
太好喝了吧！
從那天起，媽媽無可救藥地迷上了咖啡的滋味！
原來是這樣沖的啊！
除了品嘗咖啡外，她也對咖啡的一切產生了興趣。

於是在我上大學的那年，她來到一間咖啡公司應徵。
我又要去上班囉！
她跟老闆說：「不用薪水也沒關係，我什麼都願意學。」那年她五十七歲。
但公司的杯測師看媽媽只是個歐巴桑，什麼都不願意教她。
杯測師在老闆面前，也總是刻意反駁媽媽提出的想法。
總有一天，我也要成為杯測師；
而且，我要開一間自己的咖啡館！

發下宏願的媽媽，開始拚了命地苦讀；
儘管在此之前，她根本不懂咖啡。
杯測時要考的盲測「魔鬼水」，在酸甜鹹的搭配下總共有五十二種組合。
酸
甜
鹹
媽媽必須當一口就精準分辨出來，這可把她給難倒了。
以媽媽的年紀來說，她的味蕾及敏銳度只剩下年輕人的一半……

時間來到考試當天。
應考的絕大部分都是年輕人，也有很多經驗老道的咖啡師。
最後，儘管經歷了半年的苦讀與練習，
媽媽還是在「三角杯測」的測驗中敗下陣來。
那一天，考官告訴媽媽：
明天還有一次考試，如果再沒過就沒機會了。

晚上回到旅館裡的媽媽，在房間裡獨自煎熬。
她拿著杯測的小香瓶，一口一口地練習。
睡前，媽媽打電話給自己的好友。
只錯一組就很厲害了，全對很難呢……
沒問題的，妳明天會全部答對！
掛上電話後，媽媽抱著聞香瓶和書籍不斷練習，直到睡著，手才鬆開。

第二天，媽媽在測驗中表現出超高的專注力，細細分辨杯中的成分。
最後，評審看了媽媽給出的答案……
恭喜妳，妳現在是一名杯測師了。

這就是媽媽成為一名Q-Grader咖啡品質鑑定師的故事。
她說，取得這份證照的過程，比她以往拿過的任何獎項都還困難。
得到杯測師的執照後，媽媽靠著自己，用最少的預算開了一間咖啡館。
JOY CAFE
兒子呀，歡迎光臨。
太酷了吧！
當我第一次踏進店裡時，驚訝到久久說不出話來。
欸？
這是⋯
因為在我眼前，出現了意料之外的一樣東西：

咖啡館裡的所有菜單，都是媽媽一張張手寫、自己製作的。
JOY CAFE
每張菜單的背面，都是我這幾年畫圖時扔掉的手稿。
那些手稿，有些是我的練習作品，有些是我不夠滿意的畫作。
原來在這幾年間，媽媽默默地從廢紙桶中，一張一張將我的畫撿回來。
我才發現，從小到大，媽媽即使事業有成，仍沒有少掉一分對我的照顧。

好好喝喔⋯
仔細一想，我在創作街頭故事的這條路上，也一直有媽媽的陪伴呢！
我想，媽媽教會了我兩件事：
第一件是在事業上，永遠別放棄任何一個好機會的可能性。
而第二件事情是，不要因為追逐這些好機會，而放棄了身邊重要的人。
雖然店裡的裝潢、水電都已經做好了，
但開一家店還有很多有得忙的，於是我們全家動員，一起幫忙，

幫忙搬桌椅、整理杯盤、布置店裡店外的盆栽……
這樣很讚喔！
喔喔，這樣店門口就更漂亮了。
為了能在過年時順利開張，全家難得聚在一起忙碌著。
終於，大家在吃年夜飯前，將店裡的事情都搞定了。
辛苦了，我沖咖啡給你們喝！
好哇！
印象最深刻的，是我們在店裡休息時，
媽媽端上了幾杯品種、沖泡手法都很厲害的咖啡。
完成了！
因為我實在不懂咖啡，所以只能用「很厲害」來形容。

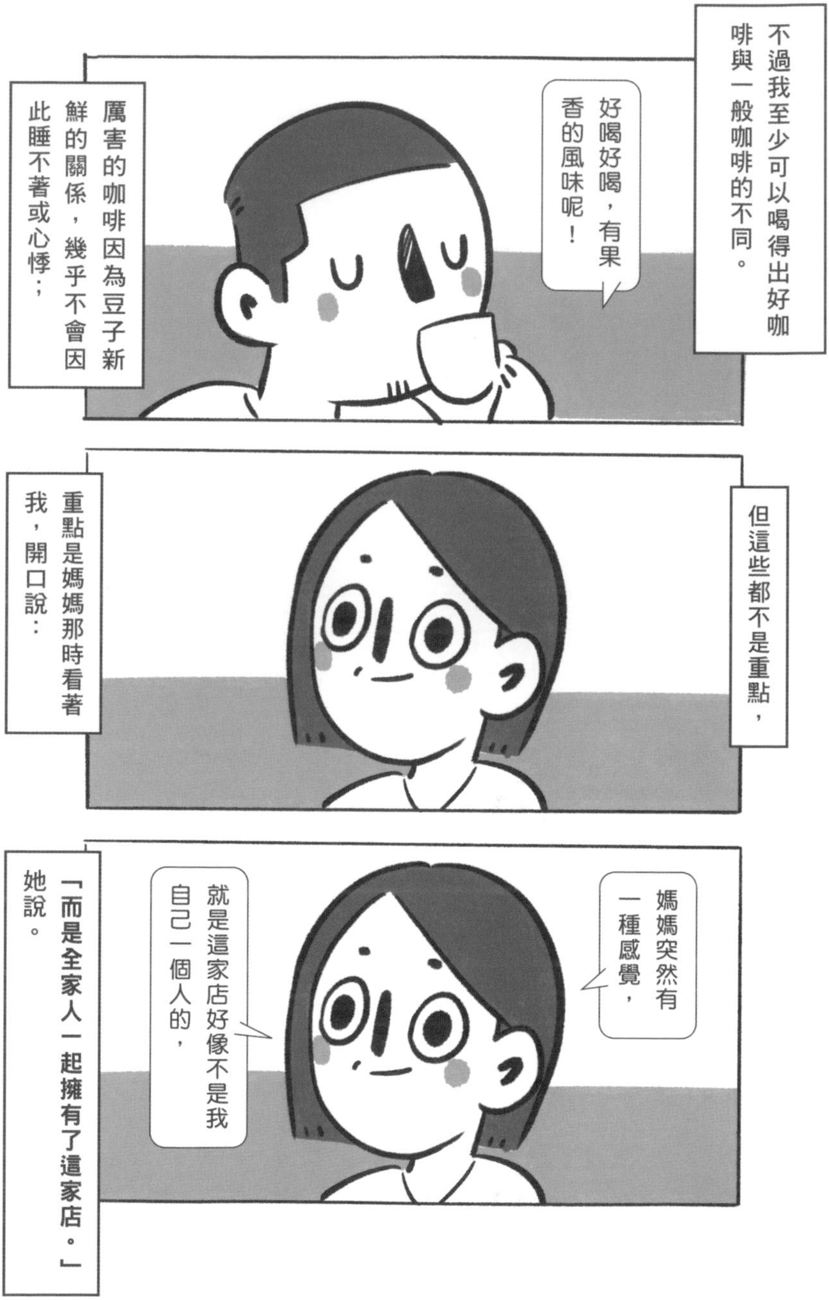
不過我至少可以喝得出好咖啡與一般咖啡的不同。
好喝好喝，有果香的風味呢！
厲害的咖啡因為豆子新鮮的關係，幾乎不會因此睡不著或心悸；
但這些都不是重點，
重點是媽媽那時看著我，開口說：
媽媽突然有一種感覺，
就是這家店好像不是我自己一個人的，
「而是全家人一起擁有了這家店。」她說。

「每個人都付出了一點自己的努力，一點自己的一部分……」
「雖然平常不會每天都見面，大家也有屬於自己的生活，」
「但是這家店的本質並不會改變。」
……大概就是這種感覺吧。

番外篇 10 咖啡

「只有開著賓士來開咖啡館的，

沒有開咖啡館賺錢買賓士開的……

我們做咖啡的，都傻勁十足。」

「開咖啡館的目的之一，當然是賺錢；但賺錢並不會帶給你快樂或滿足。」

這是媽媽開店第五年說的話。

對她來說，當一名咖啡杯測師，除了選豆、烘豆、手沖這些工作以外，其實真正令人滿足的是聊天的過程，咖啡只是一種媒介，人們不經意在吧檯前聽一段音樂，或是跟自己聊上一杯咖啡的時間，就是心境的轉換，都是重新開始的過程。這就是咖啡館最珍貴的地方。

開咖啡館的媽媽和當人像畫家

的我有一項共通點，那就是與每位客人都有大約一小時的相處時間。很多人會對我們傾訴心情，像是喝了三杯酒那樣，把自己的真心話全說出來，不管他們在外面的身分地位是什麼，坐在我們面前都同樣細膩，有同樣的煩惱。

日本茶道有一句話，叫「一期一會」：在茶聖千利休的時代裡，一次茶會結束後，彼此有可能隨即離開人世，還能不把握這次見面嗎？因為有可能只見這麼一次，所以要拿出全心全意款待對方。這句話我小時候就聽過，但到現在才明白是什麼意思。

我剛開始畫圖時，會請客人許一個願望，彼此約定好實現的那一天再見面。後來的這八年裡，只有三、四位客人真的回來見我。我在醫院裡畫過癌末或罹患罕病的病友，也畫過有重鬱症、說要把我的畫作當成遺照的客人。我很清楚地知道，即使我們在聊天時就像多年好友一樣，一起大笑，一起感嘆，但絕大部分的人走出門後，真的就一輩子都不會再看到彼此了……「一期一會」並不是一句寫在掛軸上的標語，而是經常如字面般發生。

雖然杯測師會鑽研不同咖啡的履歷、生產莊園、品種……但魔法並不發生在咖啡豆裡，而是客人喝進嘴裡的那一刻。不斷地在同一家店裡，為同一位客人服務，讓簡單但美好的事情重複發生。

每位客人都是風景，每個風景都是值得感謝的一切。

噢……
那些說你沒用的人最沒用。
「我從孩子還小的時候就跟他們說，以後想做什麼工作都可以，」

「不管當老闆，還是撿回收都一樣，」
「只要尊重自己的工作，有尊嚴地活著就好了。」
「每個人對別人的人生都有很多意見，」
李白他從小到大，從沒聽過我的話，但他知道自己在幹嘛，我就安心了。
「你有辦法控制的，只有自己的想法。」
最後，
只有你能告訴自己，你不是個沒用的人。
是、是的。
聽說客人最後帶著微笑離開了咖啡館。

結語

▼

走在你的背後

雖然大部分的時間，

看到你就覺得煩。

到了青春期的某個階段，「跟家人很親近」好像變成了一件很不酷的事情。研究顯示，人到了十三歲後，會開始對媽媽的聲音感到厭煩，接下來也就是大家熟悉的三個字：叛逆期。我的叛逆期很長，長到我總是在臉書看到爸爸寫的文章時刻意跳過，長到我當兵前幾乎沒好好跟媽媽說過一句話。為了畫下這些故事，我翻遍了家族的Line群組與爸媽的臉書貼文來喚醒記憶。感謝這個時代讓我們的記憶都保留下了數位足跡，讓我還來得及在這個當下蒐集故事、以畫作的形式記錄下它們。

不知為何，平時說不出口的話一寫下來、畫下來，一切都變得容易。

雖然在書中畫了不少與家人間的互動，也讓大家在故事中看見每個家族成員的優點，包括我媽媽的信念、爸爸的開明與哥哥的敦厚，但就像所有人的家庭一樣，我們之間並不總是像漫畫中那麼美好，每位成員之間也有各式各樣說不出口的委屈：可能是十年前的一個巴掌、童年時一句很傷人的話，也像典型的「亞洲家庭」一樣，我們從未好好向對方說出內心話。

沒有人能百分之百地愛著自己的家人。在步行了數十年的家族隊伍中，步伐不同的每個人都有讓其他成員埋怨的地方。

走在最前面的媽媽熱血，做事使命必達，甚至願意在退休的年紀像年輕人一樣追夢；但是反過來說，媽媽對凡事的控制欲都很強，為了掌握每件事的主導權，總是把「家人們完成一件事的與否」放在「家人的心情好壞」之前。

走在最後面的爸爸與人為善、敦厚老實，總是相信我和哥哥兄弟倆的抉擇；但在急切地把自信分給我們之後，他常常說出「這個我肯定做不到」「那是年輕人的權利」之類的話。走在中間的哥哥與我，從小到大都沒吵過架。平常我們為各自的理想打拚，見面時相處融洽，聊著最近的遊戲和電影，卻從未聊過各自的內心話。我也一樣，我的缺點比他們三個加起來還多。

在這個與家人步行的隊伍中，每個人的步伐都不一樣，經常絆倒彼此……

在成長與蒐集故事的這幾年裡，我看到很多不同型態的家庭，我明白在很多人眼中，自己對家人的這些埋怨根本是最微不足道的煩惱。我了解到，在一個家庭裡，能理解彼此、與彼此一同前進已是奢侈，所以我決定每篇故事都以感恩作結。因為即使無法改變埋怨的事實，我仍然有坦然接受的能力。希望這種轉念的方式，也能分享給閱讀本書的你與妳。

紙包不住火

從小到大，不知為何，我媽總是對我的行蹤瞭若指掌。
國三時，我騙她自己跟國小同學們去打保齡球，但其實是去約會。

我回來了，今天我打了一次全倒…
約會順利嗎？
我被媽媽當面拆穿！但也沒有迎來任何責罵，事情就結束了。

原來都是我的同學們在擔任媽媽的眼線，這是我長大後才問出來的。
保齡球是我。
租屋的事情是我哈哈…
中暑那件事其實是我講的。
多虧臉書的發明，我媽和我的同學、老師、同事都熟得像老朋友一樣。
雖然媽媽沒有動手干涉我的人生，但我非常討厭被這樣「關心」的感覺。
所以我在寫這本書的過程裡，從未和家裡的成員透露任何訊息。

因為我知道這就像「跟爸媽說要考國考後，會一直被問個不停」一樣。
快寫完了！
80%
本來希望他們得知這項消息時，就已經是出書的時候。沒想到……
我知道新書的事情了！
媽媽真開心！這本書一定會很感人的～
一定要寫這個故事喔，就是你小時候…
加油…
某一次和家人視訊時，他們每個人都知情了，興奮地給予各種意見。
人在國外的我，原本想不通他們怎麼得知的，後來才想到……
2023
新書合約
天啊
好煩
和出版社簽約後，新書合約會寄到家裡，幫我代收信件的爸媽就這樣看到了。

……算了，早點知道也好。

早點聽完家人的嘮叨，
也早點讓他們開心。

Eurasian Publishing Group
圓神出版事業機構
用心與你對話・視野無限寬廣
究竟出版社
Athena Press

www.booklife.com.tw　　reader@mail.eurasian.com.tw

第一本 119

火箭老媽，烏龜老爸：我家，或許也是你家的故事

作　　者／街頭故事 李白
發 行 人／簡志忠
出 版 者／究竟出版社股份有限公司
地　　址／臺北市南京東路四段50號6樓之1
電　　話／（02）2579-6600・2579-8800・2570-3939
傳　　真／（02）2579-0338・2577-3220・2570-3636
副 社 長／陳秋月
副總編輯／賴良珠
專案企畫／尉遲佩文
責任編輯／林雅萩
校　　對／林雅萩・張雅慧
美術編輯／林雅錚
行銷企畫／陳禹伶・朱智琳
印務統籌／劉鳳剛・高榮祥
監　　印／高榮祥
排　　版／陳采淇
經 銷 商／叩應股份有限公司
郵撥帳號／ 18707239
法律顧問／圓神出版事業機構法律顧問　蕭雄淋律師
印　　刷／國碩印前科技股份有限公司
2023年09月 初版

定價 410 元　　ISBN 978-986-137-413-0

在有限的時間面前，
那些我們早已擁有的平淡陪伴，
或許才是真正應該付出心力經營的。

——街頭故事　李白《如果世界是一場派對》

國家圖書館出版品預行編目資料

火箭老媽，烏龜老爸：我家，或許也是你家的故事／街頭故事 李白 圖・文
-- 初版 -- 臺北市：究竟，2023.09，
256面；14.8×20.8 公分 --（第一本：119）

ISBN 978-986-137-413-0（平裝）

1.CST：家庭關係　2.CST：親子關係

177.31　　　112011790